90を切る!
倉本昌弘のゴルフ上達問答集

倉本昌弘

日経ビジネス人文庫

ゴルフの組み立てができれば
90は簡単に切れるようになります

はじめに
「90を切るゴルフ」とは「頭と心のゴルフ」

倉本昌弘

一般に、100が切れたら初心者脱出、90が切れたら中級者脱出といわれます。しかし、これはコンスタントに切れるようになって、はじめてその実力がついたということになります。一度くらい90が切れても、すぐに100を叩くようでは中級者のレベルにも到達していません。そこで、「いつでも90を切れるようになりたい」と思うわけですが、練習する時間があまりない人にとっては、なかなか難しいことのようです。

しかし私から言わせると、実は「常に90を切る」というのは、そうしたいわゆるアベレージゴルファーにおいても、そう難しいことではありません。それも今の自分のスイングやショットでも十分に切ることが可能です。

それにはまず自分のショットをよく認識することが大切です。それもナイスショットばかりでなく、ミスショットについての認識が必要です。状況に応じて、どんなミスショットがどういった範囲で出てしまうのかといった具体的なことです。つまり、自分のミスショットを想定できるようにならなくてはいけません。

そうしてコースに出たら、自分の起きうるショットを想定しながら、ゲームを組み立てていきます。自分のショットを使って、コースを攻略していくわけです。たとえミスショットが出ても、常に想定内であれば慌てることもなく、次の一手が打てるわけです。ゴルフを将棋や囲碁を指すように組み立てていくのです。そうすれば、90というスコアならば、今の自分のスイングやショットでも十分に切ることができます。

つまりこれが、ゲームをコントロールするということです。90を切れないアベレージゴルファーを見ていると、常に出たとこ勝負のゴルフをしています。ドライバーは飛ばせるだけ飛ばしたいと力一杯に振り回す。アイアンはひたすらグリーンオンしか考えない。ひどい人になると、闇雲にピンを狙う。これではプロでも悲惨なスコアになってしまいます。私たちプロであっても、常にミスを想定しながら、危険を回避したゴルフをしています。しっかりとコースマネージメントを行って、スコアをつくっているのです。

それを私は「競技のゴルフ」と呼んでいます。一か八かのギャンブルなどしない、冷静沈着なゴルフです。これは皆さんにとって、つまらないゴルフに思えるかもしれません。しかし、頭を使ってスコアがまとまるようになると、ゴルフの奥深さというものが徐々に見えてきて、ゴルフが今よりも何倍も面白くなるはずです。

今回の私のこの本は、私、倉本昌弘がゴルフの師匠となり、ゴルフ雑誌の編集者でライターでもある本條強さんが弟子となって、「90切り」というものについて、具体的にその方法を問うていくという「問答集」の形をとっています。

己を知り、頭を使ってゴルフをすれば、必ずやゴルフというスポーツの新しい世界が見えてきます。それこそが、今回の「90を切るゴルフ」の最大の素晴らしさなのです。その世界をぜひ体験してみてください。そうすれば、シングルの世界までもが見えてくるはずです。

二〇〇八年四月

目次

第1章 90を切るラウンド術

ボギーオンのゴルフをコースマネージメントする

第4章 90を切るバンカーショット

砂を飛ばせば普通に打っても出る

第5章 90を切るパット術

パターヘッドの芯でボールの芯を打つ!

第6章 90を切るアイアンショット

7割の力でコントロール
素振りのようにに打て！

第7章 90を切るグリップとアドレス

自分の理想のスイングとなるセットアップにせよ！

第8章 90を切る本質的練習法

スイングやショットにイメージを抱き、目に見えない練習こそ大事

最終章 特別付録・80を切るゴルフ

18ホールを3ホール単位に考え、その3ホールを1オーバーであがる

BRIDGESTONE
GOLF

インタビュー・構成／本條強
写真／北川外志廣
本文レイアウト／山田康裕
編集／㈱オフィスダイナマイト

第1章 90を切るラウンド術

ボギーオンのゴルフを
コースマネージメントする

自分の最大飛距離が自分の飛距離と思ってはいけない

——今日は倉本さんに、月一ゴルファーの我々アマチュアが、どのようにすれば80台であがれるゴルフができるかをお伺いしたいと思ってきました。プロである倉本さんにとっては、そもそも80台のゴルフがいかなるものかというのはおわかりにならないでしょう。そんなドのつく素人のゴルフなど知りたくもないと。

倉本●そんなことはありませんよ。アマチュアの人とはプロアマなどいろいろなところでご一緒させてもらっているし、そんな中で僕らが学ぶことだってあります。ご本人が意識していないようなことでも、ああ、いい打ち方をしているなとか。それは100を叩く方にもあるんですよ。

——へーっ。ということは、我々もまだまだ可能性があると……。

倉本●そういうことです。ただ、その使い方をあまりに知らなさすぎるということでしょう。できるのに、わざわざできなくしてしまう。できることをミスにしてしまう。そしてそのミスに備えがないということが多いんでしょうね。だから、90はおろか、100も切れないなんてことになってしまう。

――まったく、耳の痛いご指摘です。では具体的にどうしたらいいでしょうか。

倉本●まずは飛ばそうとすることをやめることですね。皆さんはドライバーだけでなく、どんなクラブでも自分の最大飛距離を出そうと力一杯振る。いいえ、そんなことはありませんなどと言うけど、私に言わせれば、自分の最大飛距離をいつもの普通の飛距離だと思っている。だから、100ヤードであっても、ぎりぎりに届くクラブで目一杯のスイングをする。そこで100ヤードでもグリーンに乗らない。

――なぜか、プロも思い切り振っているように見えるんですが。

倉本●思い切り振ることなど滅多にありません。ドライバーでも点を狙っています。フェアウェイならどこでもいいというような打ち方は決してしていません。

――であれば、どれくらいの力で振っているんですか?

倉本●8割でしょう。振っても9割です。実はそのほうが飛びますし、方向性もいい。

――もっと振っているように見えますね。

倉本●それはクラブの芯でボールをとらえているからでしょう。見た目が勢いのあるボールなのでそう見えるだけです。

――なるほど、我々は常に飛ばそうとするのでボールを曲げてしまう。これは狭いホールなどで、ティショットのクラブをドライバーからアイアンに持ち替えたときにも、ミスショットが起きてしまう。

倉本●刻もうとしているのに、そのアイアンで最大飛距離を求める。だから大きく曲がってしまうんです。距離的に言えば、皆さんが思っているフルショットの1割を引いた距離がフルショットだと思って欲しい。そうしたつもりで打って欲しいのです。

――ということは、240ヤードがドライバーの飛距離だと思っているのであれば、220ヤードが自分の本当の飛距離だと思って、それぐらい飛べばいいと思って打つことが大切なのですね。

倉本●その通りです。その意識だけでもゴルフが大きく変わると思いますよ。

――クラブが進化して飛ぶようになったので、これまでよりも遥かに飛ばしたいと思ってしまいます。

倉本●その新しいクラブで、今まで通りの飛距離で良しと思えばいいわけです。それが進化したクラブを使用するアドバンテージです。もっと飛ぶことがアドバンテージではない。

――飛ばそうとしないのに、これまでの飛距離が得られることがアドバンテージなわけですね。

倉本●その通り。アイアンやフェアウェイウッドなら、飛ばさなくても届けばいいわけです。もっと言えば届かなくたっていい。次のショットが打ちやすかったらいいわけです。だから、ドライバーだって飛ばす必要はない。いいところへポーンと運んでやればいいんです。ところがドライバーを持っただけで最大飛距離を狙おうとする。そうではなくて、いつもの8割の力のスイングで十分なんです。そしてその飛距離が自分の飛距離であると思って、いつも同じ飛距離を打つことを心掛けるのです。

――ドライバーで、いつも同じ飛距離を打とうとは思ってもいませんでした。飛ぶのなら、できるだけ遠くへ飛んで欲しいと思って打っていました。

気持ちのよいスイングをするには トップだけを思い浮かべる

倉本●それが大間違い。ドライバーでの自分の飛距離がわかれば、ＯＢや池、バンカーなども楽に避けられる。危険なところは避けてフェアウェイをキープ。これだけでもスコアは確実にアップしますよ。それと、ボールを打つことにおいて大切なことは、気持ちのいいと思うスイングをすること。打つ前から気持ちが悪いのではいいショットはできません。

――僕など、構えてから、右を向いているのではないか、ティが高いのではないか、左にひっかけたらどうしよう、なんてことばかり考えるときがあります。

倉本●そうした気持ちはそのままにしてはいけない。対処しなければいけないんです。実は私たちプロでも気持ちよく構えられるときは少ないんです。でもその気持ちを素直に受け止めて対処する。アベレージゴルファーの場合だったら、右に向いているかもしれないと感じるのならば、ちょっと左に向けばいいと思う。それで気持ちがよくなるのならそのほうがずっといいんです。少々目標より左に飛んでも気持ちがいい分、ひどいミスにはならないはず。ボールはフェアウェイ左か、セミラフに止まるでしょう。それが気持ちの悪いまま打ったら、ひどいフックになったり、チョロになったりするかもしれない。もちろん、仕切り直して、気持ちよくなるのなら、それに越したことはありません。

——構えてから、いざボールを打とうとしたときに、これまでの悪い思い出が浮かんでくることも多いです。トラウマというか、何でしょう! そういうときは必ずミスショットになる。

倉本●気持ちのよいスイングをするには、打つ前にそれをイメージすることです。それも極端に言えばトップだけでいい。自分の理想とするトップを思い浮かべて、そこに腕を振り上げていけばいいんです。

——なるほど。

倉本●ダウンスイングは気にしない。インパクトも、フィニッシュも。スイング全体を気にしてもできないでしょ。ボールを上手く当てようとか、飛ばそうとか、どんなふうに飛んでいくかなんてことも絶対に気にしない。クラブを上げたら、あとはボールに聞いてくれでいいのです。そうすれば自然と気持ちよく振れるのです。

――トップだけでいいんですね。

倉本●ボールの後ろに立って目標を定め、ボールの横に来てフェースを目標に合わせる。それに合わせて構えたら、自分の理想のトップを思い浮かべる。そしてそこに向かって自然に上げていく。あとは上げていったのと同じテンポで振り下ろすだけ。これをすべてのショットでやること。あるホールで叩いたとしても、最後のホールの最後のショットまでやり続けるということが大切なのです。

30ヤード残すのなら70~80ヤードを残す

――セカンドショットの考え方も、我々は問題があるのではないでしょうか。

倉本●大いにありますね。まず一番愚かなのは、何も考えず、ただひたすらピンを狙うこと。皆さんはいつでも正確なショットができると思っているのかと、目を疑うケースが多いです。私たちプロだってゴルフはミスがあるものだと思ってプレーしている。いや、プロほど、ミスがあると思っている人間はいないでしょう。だから、バーディを狙いながら、ミスをしてもパーをキープできるようなところを狙っています。

――ボギーになるかもしれない状況なら、バーディを取りにはいかないということですね。

倉本●そうです。まずはパーがあるところを探します。皆さんであれば、ミスをしてもボギーであがれるように攻めなければいけないのです。ですから、我々よりもミスの多い皆さんが闇雲にピンを狙うのは愚かでしょう。グリーン周りは難しいシチュエーションが多いので、僅かのミスでボギーでさえもあがれなくなってしまう。大切なのは、自分が起こしうるミスを考えてプレーすることです。

――でも、我々はたとえピンを狙わなくとも、思うようにボギーのゴルフができません。

倉本●それはなるべくグリーンに近づこうとするからですよ。例えばグリーンまで残り200ヤードとしましょう。スプーンならグリーンに届くかもしれないと、これを使ってグリーン手前のバンカーへまんまとはまる。ではそれが嫌だとして、次の5番ウッドを選択する人が多い。でもこれだとバンカーに入らずとも30ヤードが残る。それが冬や春先の芝が薄いときだったらどうでしょう。バンカー越えのそのアプローチはもの凄く難しくなります。ザックリかトップが関の山。大叩きにもなりかねないわけです。ならば、9番ウッドやユーティリティなどを使って70とか80ヤードを残すほうがうんとやさしい。ウェッジのフルショットのほうが30ヤードのアプローチよりも遙かにやさしいからです。

――グリーンの近くに行けばいいというわけじゃないと……。

倉本●皆さんは、とにかく少しでもグリーンに近づこうとする。でも近づいたからといってやさしいとは限らない。1mのパットだって難しいことはしょっちゅうある。ミドルホールでは常に3打目がやさしいとは限らないということです。

――確かに。

倉本●こうしたことがわかれば、ドライバーは飛ばす必要なんかないことがよくわかりますよね。400ヤードの長いと思われるミドルホールだって、80ヤード残せばいいと考えれば、ティショットを160ヤード、セカンドを160ヤードでいいのですから。

――我々はグリーンに近づければなんだか安心してしまうんです。

倉本●でもグリーンから考えれば違うでしょ。そうしたことを考えるのに、私はよく、5番アイアン1本だけ、5番ウッド1本だけで回ることを薦めます。それはゴルフのインストラクターにもです。1本だけだと、ティショットから遠くに飛べばいいということはなくなりますし、バンカーを避けるようになる。5番ウッドや5番アイアンのフルショットでグリーンを狙える距離を残そうとしたりもする。また、それらのクラブで寄せやすいところに打っておこうとするようにもなります。コースを考えて攻めるようになるわけです。

――計算するようになりますね。

倉本●例えば5番アイアンのフルショットが150ヤードの人が、その5番アイアン1本で350ヤードのミドルホールを回るとしましょう。この人は2打ではグリーンに届かないわけですから、3打目を中心に考えるようになる。となれば、ティショットを100ヤード、セカンドを100ヤード打って、3打目を150ヤードにして攻めるというふうに考えることもできます。そういった計算をしながらゴルフをする癖をつけて欲しいんです。

――常にパーオンを狙うのではなく、ミドルホールで言えば3打目をいかに自分にとって打ちやすい状況に持っていくかということですね。

倉本●それがボギーのゴルフですし、80台であがれるようになるゴルフです。ティショットは飛ばさずに危険を避け、セカンドショットは第3打が打ちやすいように、ウェッジのフルショットの距離を残す。それも平らなフェアウェイで、バンカー越えにならない花道の手前にする。こうしていつでもきっちりと3オンしていくのです。

3本ウェッジのフルショットを練習して、その飛距離を把握する

――30ヤードよりもよっぽど80ヤードのほうが簡単だと言われても、我々はその80

TOURSTAGE

ヤードが乗らないということもよくあります。

倉本●そう言うと思いました。ですから、スコアをよくしようとしたら、60ヤードから100ヤードまでの距離の練習をしなくてはならないんです。これは実はグリーン周りのアプローチよりも大切です。それはさっきも言いましたが、グリーン周りのアプローチは難しいシチュエーションが多いからです。ですから、ウェッジのフルショットができる60ヤードから100ヤードの距離をしっかりと練習することです。この距離ならば必ず乗るようにすることです。

――例えばどのように練習したらいいでしょうか?

倉本●ピッチングウェッジ、アプローチウェッジ（ギャップウェッジ）、サンドウェッジの3本のクラブを使って、まず、普通に握ってそれらを普通のフルショットで打ちます。ドライバーでも言いましたが、フルショットは思い切り振るショットではありませんよ。8割の力のショットです。そのフルショットでどのくらいの距離を飛ぶのかを知ると同時に、いつでも同じ弾道の同じ距離に打てるようにします。

――そういえば、ピッチングはともかく、3本すべての正確な距離を把握していない人も多いと思いますね。

倉本●だから60ヤードでさえ乗らないわけです。ですからその3本のフルショットがきちんとできてその距離がわかったら、次にそれぞれのウェッジを1インチ短く握ってどれぐらい飛ぶのかを把握します。その次にはさらに1インチ短く握って、つまり2インチ短く握ってどれくらい飛ぶのかを知るわけです。そしてさらにそのあとには、それぞれをスリークオーターで打ってみる。こうしてすべての距離を知れば、60ヤードから100ヤードは5インチ刻みに打てるようになります。

――でもサンドウェッジのフルショットが苦手だという人も多いと思うのですが……。

倉本●ならば最初はピッチングウェッジだけでもいいですし、ピッチングとアプローチウェッジだけでもいいじゃないですか。これらが上手になれば、サンドウェッジは自然と上手く打てるようになりますよ。

――なるほど、できるものからやってもいいわけですね。

倉本●実は私の妻はレギュラーティで男性と回るので、ミドルホールの3打目が7番アイアンから9番アイアンの距離が残るのですが、それらを練習して、今では絶対にグリーンに乗ると思って打っています。

――倉本さんの奥様とは私もご一緒させてもらったことがあるのですが、レギュラーティからいつも80台で回られる。ティショットは180ヤードくらいしか飛ばないのに。

倉本●本当はもっと飛ぶのですが、安全なところを狙ってコントロールしているんです。セカンドショットも先ほど言ったように距離が打ちやすいところに残るように打っている。バンカー越えなどにならないように。しかも第3打はピンを狙わないので、必ずと言っていいほどオンするんです。先ほども言いましたが、80台のゴルフをするならば、まずは3オンのゴルフをやり通すことです。

――確かに、倉本さんの奥様はそうしたゴルフをなさっている。

倉本●実は、こうしたゴルフは競技のゴルフなんです。制約のあるゴルフです。

――制約といいますと……。

倉本●やりたい放題のゴルフではないということです。自分の欲を消したゴルフなわけです。好きなようにやって、それが満足というのではなく、よいスコアをつくるために自らを制するゴルフです。

――それは倉本さんがトーナメントでしているゴルフと一緒ということになります

か？

倉本●そうですね。勝つためのゴルフということになります。彼女は私のゴルフを見たり、私とトーナメントをたくさん見たり、私と一緒に遊びながらゴルフをするうちにだんだんとそうしたゴルフを覚えたのかもしれませんね。

60ヤードでもピンを狙わない。パットは2パットでおさめる

——第3打でもピンを狙わないということですが、我々はどうしても3打目は寄せたくなるものです。

倉本●それがいけない。例えば先ほど言った60ヤードから100ヤードの距離を3本のウェッジでかなり訓練したとしても、ピンにぴたぴたと寄るわけではありません。タイガー・ウッズでさえ、60ヤードの距離がワンクラブ以内にくっつく可能性は30％

と言います。ワンピン以内が70％。つまりは30％が3ヤード以上になるというわけです。要するに、タイガーでさえ、ピンの前後左右で6ヤード以上の誤差があるわけです。

――この誤差を考えれば、我々は当然ピンは狙えないと……。

倉本●皆さんの場合は、たとえピンを狙っても、ピンから10ヤードの誤差はあると考えるべきです。つまりピンの前後左右に20ヤード。これを考えてこの60ヤードから100ヤードを考えて欲しいのです。であれば、ミドルホールの第3打でも決してピンは狙えないでしょう。もちろん、これは基本的な考えであって、ピンを外しても寄せやすいところであれば狙っても構いませんが……。

――とにかく、まずはグリーンの中央を狙って、グリーンにしがみつくことなんですね。

倉本●でもアマチュアの方とラウンドして思うことに、60ヤードをショートする人がとても多いです。60ヤードを60ヤードと見ている人が少ないということです。大体の人は、60ヤードを50ヤードくらいに感じている。だからこそ、3本のウェッジで、60ヤードから100ヤードの距離をしっかりと訓練して欲しいと思うのです。しがみつくにもしがみつけなくなってしまいますからね。

――ではグリーンにしがみつけたとして、大切なことは何でしょうか。

倉本●どんなところからでも2パットであがるということです。これが大前提。

――それにはどうしたらよいでしょうか。家や練習場にもグリーンがないもので。家の絨毯でもパットの練習をしたほうがいいですか？

倉本●それはやったほうがいいでしょうが、私がやれって言っても、皆さんは絶対にやらないでしょう（笑）。ですから、確実にできることを教えましょう。ラウンドする日の朝、普段より少しだけ早く行って、グリーンで20分、10ヤードの距離を2パットでいくように練習するんです。

――ラウンドするときだけでいいんですか？

倉本●仕方ないでしょう。で、10ヤードというと10歩の距離ですから、カップから10歩離れたところからパットして、残った距離を入れるわけです。ボールを3個使うなら、3個打って、それぞれを沈める。2パットでいかなくてもカップインするまでやること。すべて入れたら、別のカップ目がけて同じことを繰り返すんです。そうすると、上りのパットや下りのパット、スライスラインやフックラインがあるでしょうから、いろいろと試せる。ですが、どんなパットも2パットで沈められるように真面目に行うことです。最初のパットをしっかりと寄せる。次のパットをきちんと沈める。こうすればその日のラウンドのパットがかなりの確率で2パット以内におさめられるようになります。もちろん、ワンパットなら3オンでもパーになりますので、楽に80台になるというわけです。

――倉本さんの奥様のように、というわけですね。

倉本●彼女はストロークのリズムを大切にしていますね。短くても長いパットでも同じリズムで打つ。打つときに力加減を変えるようなことは決してしません。これはショットでも一緒。彼女は先ほども言いましたが、理想のトップを考えて振り上げたら、それと同じスピードで振り下ろすように意識しています。実際は速く振っているわけですが、意識としてはゆっくり振り上げてゆっくりと振り下ろす。それが気持ちのいいスイングになるわけですね。

――ゆっくり振ることを覚えないといけませんね。

倉本●それと、ショットでもボールの行方を見たからといってグリーンに乗るわけじゃないのと同じように、パットでもボールを見たからといってカップインしてくれるわけじゃない。顔は上げないことですね。

普通のゴルフを続ける。最後までしっかりとやり遂げること

——ところで、倉本プロはアメリカのシニアツアーであるチャンピオンズツアーに挑戦していますが、その最終予選会は３００人以上いたといわれる選手の中で７人だけが通る狭き門。それをトップで合格したのですから、レギュラーツアーで活躍した世界の強豪たちもびっくりしたそうですね。

倉本●６日間にわたっての予選会で、しかも私は初日79で出遅れただけにシビアな戦いでした。６日間のうち５日間、強風が吹きつけました。でも風が吹いたから、周りのスコアが伸びず、逆転できたとも言えますね。

——風でピンが傾いてグリーンにくっつくくらいだったとか。ギャラリーも歩けないほどの風だったようですね。

倉本●選手たちはみんなその風にどう対処していいかわからなかったみたいです。ですからパニックに陥って、大叩きをして、棄権する選手も続出でした。

――なのに倉本さんは、2日目からの5日間で、10アンダーだったじゃないですか？（笑）。

倉本●私の場合は、難しいシチュエーションになると、逆にゴルフが楽しめるみたい。これまで40年間ゴルフをしてきて、その経験をフル稼働しました。引き出しに仕舞っておいて長い間使わなかった経験を、その引き出しを開けて使いましたね。そういうことがとても面白かった。大変だったけど、楽しかったですね。

――引き出しというと、例えばどんなことを開けて出したんですか？

倉本●そうですね。すべての経験を総動員しましたけど、例えば、強烈なフォローの風の中で球を止めたり、逆に止めなかったりする方法とか……。アゲンストの風の中で強く打たない方法とか……。例えばフォローの風では180ヤードのパー3が80ヤードくらいになる。でも周りはみんなそれが乗らないわけですよ。80ヤードと思えればいいのに、どうしてももっと距離があるように思える。グリーンの手前に何もなければフォローの風に乗っけて転がして乗せればいいし、グリーンの手前が池なら逆に球が止まるようにバックスピンをかけてしっかりと乗せる必要もあるでしょう。またフォローでは上から風に叩かれて失速することだってある。その辺りを考えて技を繰り出さなければならないわけです。

――アゲンストでは強く打たないと言いましたが、それだとグリーンに届かなくなるのではと思ってしまいますが。

倉本●だから、乗るものも乗らなくなってしまう。強く打つとバックスピンが大きくかかるから、アゲンストの風では余計に飛ばなくなってしまうわけです。つまり、スピンがかからないように軽く打つ必要もあるわけです。軽く打つけど距離は出るようにとかね。この最終予選会では風に戻されてレディスティまでしか飛ばなかったというプロもたくさんいましたね。だから風がぶんぶん吹けば、クラブ選択も難しくなりますし、そこからのショットもどういう球の高低にして、どういうスピンの球にするか。そこら辺りを究極に判断して打つことができなくてはならないわけですね。

――なるほど。となると、倉本さんにとっては日本のトーナメントはやさしすぎて、だからこそ難しくゴルフをしようとしすぎているところもあるんじゃないですか？

倉本●うーん。この最終予選会は、集中して顔のしわが増えました。それくらい知恵を絞ってプレーした。あるホールではグリーンを狙ったら絶対に乗らないことがわかっていたので、グリーンサイドの土手に凄く低い球でぶつけてピンそばにピッタリ寄せた。周りはみんなグリーンを狙って失敗する。一緒に回ってた選手が、私のことをみんな天才だって言うわけ。それに終わったときのスコアを見て、奇跡だって言った選手もいましたね。

――とすれば、倉本さんの潜在能力を引き出した貴重な試合だったかもしれませんね。ジュニア、学生、プロに入ってからと、ずっと凄い勝ち方をしてきて、天才と言われてきたわけですから。シニアになってまた天才と言われ続けて欲しいです。

倉本●この最終予選会で、アメリカのシニアツアーが楽しみになったし、実際やっていてとても楽しい。チャンピオンズツアーは賞金もすべて総額2億円以上という高額だし、予選もないから最初から伸び伸びと自分のゴルフができる。それにそもそも勝負よりもいかに自分だけが築き上げてきた個性的なゴルフをギャラリーに見せられるかというところに力点が置かれている。スコアも大切だけど、それ以前にギャラリーを楽しませられるかといったショーマンシップも大切。そうした楽しいツアーに参加できているだけでも幸せです。でも、そこで行うゴルフは、この最終予選の話と一緒で、しなければいけないことを普通にすることだけですけれど。

——強風でも？

倉本●まずはそう。初日叩いたからといって、2日目からゴルフを変えるようなことはしなかった。無理は絶対にしない。普段のゴルフをするってことが大切なんです。まずはそれをしてからどうするかってこと。できないことをしようとしてもできないのだから。そして、あるホールで叩いたからといっても、いつものゴルフを行って18ホールを回り切ることが大切なんです。

——ええ。途中でやめることはしていませんが……。

倉本●そういうことではなくて、1打1打、ボールの後ろに立って、目標を決めて、アドレスをして、スイングをイメージして、その通りに振っていく。たとえそれで叩いても、ずっとそうした地道なことをやり続けていくことが大切なんです。1番ホールから18番ホールまで、この面倒臭いことを面倒くさがらずにやってのける。それを楽しいと思うことが大切なんです。状況を常に考えて、計算して頭を使う。それを楽しむこと。チャンピオンズツアーの予選会でも、チャンピオンズツアーでも私はそれを続けた。まずはそれがあってこそ、ゴルフなんですね。

第2章 90を切る飛ばし術

ヘッドスピードを上げるより、
クラブの芯でボールをとらえよ！

飛べば有利ということはない。飛ぶことはリスクを伴う

――飛ばしたいという欲望はゴルファーなら誰でも抱くと思うのですが、ホームコースを持ち、競技に出るようになると、バックティから打つために、どうしてもさらなる飛距離が欲しくなります。

倉本●飛距離がないと勝てないと……。

――はい。ティショットが飛ばないとセカンドが苦しくなる。フェアウェイウッドで打たざるをえなかったり、それでもグリーンに届かないことが出てしまう。それでは勝てないです。

倉本●そんなことはないでしょう。そういう考え方がそもそも間違っていると思いますよ。例えばレギュラーティから90で回っている人が、バックティになったら90以上を打つなんてことは本当はありえない。というのもそのレベルの人なら、大抵はレギュラーティからのほうが落としどころは狭い。ラフに入ったり、クロスバンカーなどのハザードにもはまりやすいでしょう。

――確かにそう言われてみるとそうですが……。

倉本●少しでもボールが曲がれば、トラップにはまってしまうわけです。そして、仮にもしティショットが上手く打てたとしても、そこからならばたやすくセカンドショットでグリーンにまで届くわけですから、当然乗せようと狙うでしょう。しかしグリーンの幅は30ヤードくらいしかないわけで、ミスを犯せば、というか多くの場合はミスをするわけですから、厳しい寄せを要求されることになる。

――まさにその通りです。

倉本●ところがもしもバックティから打てば、ハザードの手前のフェアウェイの広いところに打てることになる。しかもセカンドショットでグリーンに届かないのだから、花道のある広い場所に打てることになる。アプローチのしやすいところにね。となれば、楽にボギーが取れるし、上手くいけばパーになる。スコアは当然よくなる。ならなきゃおかしいでしょう。

――確かにそうなりますね。

倉本●距離が出ないからスコアが悪くなるのではないのです。アプローチとパットが悪いからスコアが悪くなっていることに気がつかなければいけません。飛ばすことより、小技を磨くことが肝心なのです。

――もっともです。

倉本●でもね。誰にでも飛ばしたいという欲望があることは理解できます。ですから、そのときに知っておいて欲しいことは、飛ぶということはリスクを伴うということなんです。

――飛ばしは有利になるのではなく、危険が伴うということですね。

倉本●そうです。200ヤードしか飛ばなければ、例えば打ち出しが左右に5度角度が違っても、ボールはフェアウェイに残ってくれる。ところが300ヤード飛ぶ人はヘビーラフにつかまったり、林に入ってしまうことにもなります。ミスの類いは同じなのに、飛ばない人は安全で、飛ぶ人は大怪我になる。つまり、飛ぶことはスコアがよくなるわけでは決してなく、悪くする可能性が高いということなんです。その覚悟を持って、飛ばしというものに挑んでもらいたいわけです。あなたの希望することとは大いに矛盾するということを理解したうえで、飛ばしたい欲望を叶えていって欲しいのです。

プロの世界でも飛ばしが有利とは限らない

――確かにプロの世界でも、ドライバーディスタンス部門のトップが必ずしも勝ち星の多い選手とは限りませんよね。一度も勝ったことのない選手もいる。それでもやはり、飛ぶ選手のほうが有利ということはありませんか？

倉本●ありませんね。それはＵＳＰＧＡツアーのドライバーディスタンスを見てもわかります。例えば'05年のジェイ・ハースのドライバーディスタンスは１８７位。フレッド・ファンクは１９７位。52歳と49歳だけど、ともに何勝も上げて、未だにレギュラーツアーで戦っている。35歳のジム・フューリックは１７０位なのに賞金ランキングはなんと4位です。ブラッド・ファクソンは１４９位ですが、彼は44歳になるのにきちっと勝っている。ドライバーディスタンスのどん尻はコーリー・ペイビンの202位ですが、彼だってまだまだ強い。みんな何勝もしている有名なプロばかり。飛ぶほうが有利と考えるのは、幻想にすぎませんね。

——そうですね。こうなると何にも言えなくなってしまいますが、倉本プロは若いときは相当な飛ばし屋でした。ご自身ではその飛距離をアドバンテージとは思っていなかったのですか?

倉本●いくら飛ばしても、方向性がよくなければ何にもならないということです。PGAの名手たちを見ても、まずは方向性の素晴らしい選手ばかり。そりゃ、正確なうえに飛ばせればそれに越したことはないけれど、先ほども言ったように飛ぶことはリスクが伴う。飛ばなくたって、類い希な正確性を持ち合わせていれば十分に戦えるわけです。

——それは技術ということになりますか?

倉本●強い人というのは飛ばせるのに飛ばさない。抑えて打って方向性を出して、それでも300ヤードなのかどうかというレベルがプロの世界。しかし300ヤードも飛ばせば、やはりささいな狂いでもフェアウェイをとらえられないことになる。ですから、飛ばない人であっても、さらに抑えて方向性を重視したほうがいいスコアになることも多い。それが皆さんのようなアマチュアの場合はどうか。飛ばそうとしてばんたび（毎回）マン振り（目一杯のスイング）する。それで250ヤード飛ぶこともあるけれど、5ヤードしか飛ばないこともある。でもそれは私から言わせれば、飛ばしでも何でもないわけです。

――マン振りが飛ばしの秘訣ではないわけですね。

倉本●それはそうでしょう。皆さんにドライバーの飛距離を聞くと、マン振りして、たまたま当たった最長飛距離を言う。でもそれはその人の飛距離ではありません。9割の力で、常に同じ距離を打っていけるその距離こそがその人の飛距離なのです。それを理解して欲しい。

――申し訳ありません。

倉本●だから、あなたの飛距離はいくつですかと聞いて、「250ヤードです」と答えたとします。そしてその後にマン振りしたときはと聞いて、「えっ、250ヤードですよ」とか、「255ヤードかな」などと答える人がいたら、それだけでこの人は100を切るのが精一杯な人かなってことがわかります。飛ばしとはそういうことなんです。

――なるほど、その通りですね。これからは、飛距離についてどう答えるか、慎重に考えて言いたいと思います。そして、そのことはアイアンやウェッジの飛距離についても同じですね。

倉本●そう。サンドウェッジの飛距離はと聞いて、「70ヤードです」と答えたあと、フルショットではと聞いて「75ヤード」と答える人は、もうその時点でレベルがわかってしまいますよね。7番アイアンでも同じことで、フルショットが150ヤードの人が、さらりと、「私の7番の飛距離は130から140ヤード」などと答えたら、要注意。上手な人でしょう。

――なるほど。これからはそういうふうに答えます（笑）。

倉本●つまり私に言わせれば、飛距離というのはあくまで平均飛距離のことを言うのであって、飛ばそうということも、イコール、その人の平均飛距離を伸ばそうということなんです。ですから、それが今回の飛ばしのテーマになります。

――飛ばしの本来の意味をまず知ってからということですね。

倉本●一発だけ飛ばしたいという人は、これからの話は聞かないで。私ではなくて、

他の人に聞いてください。200ヤードを250ヤードにしたいとかね。そうではなくて、平均の飛距離200ヤードを210ヤードにしたいという人は、これからの話を聞いてみて欲しいと思います。

飛距離アップとは平均飛距離をアップすること

——ではどうすれば平均飛距離を上げることができるのでしょうか。

倉本●まずは飛ばしのメカニズムを理解することでしょう。これは単純に考えれば、スピード×質量、ゴルフで言えば、ヘッドスピードとヘッドの重さを掛けたものが飛距離になるわけですから、それをアップすればいいわけです。

——やはりヘッドスピードですか？

倉本●すぐにそう考える。実はそうじゃないんです。アマチュアの皆さんにとっては、ヘッドスピードよりもクラブヘッドの芯にボールを当てることのほうが大切なのです。なぜなら、ヘッドスピードを上げても、芯に当たらなければ曲がりがかえってひどくなってしまう。つまりは飛距離に繋がらない。もちろん、芯に当たれば、これまでの当たらないときよりも飛ぶ。となれば、今のままのヘッドスピードでもいいから、芯に当たる回数を増やすこと。これが第1歩。それだけで簡単に平均飛距離が伸びるのです。

——では、どうしたら芯に当てられるようになりますか?

倉本●正しいセットアップと正しいスイング軌道を身につけること。でもここで言う正しいとは本に書いてあることと同時に、その人にとってやりやすいものが正しくなるということがあります。そしてこれは千差万別。ベーシックなものは頭の中に入れて、それを応用する。熟練したシニアのようなプレーヤーにとってはそれがとても大切です。ベーシックなことはやらなければならないけれど、それに溺れてしまってはダメだということです。

——具体的にはどうすればいいのでしょうか?

倉本●再現性の高いスイングを目指していくことです。自分にとって、動きやすく違和感のない構えや振り方というものを知って身につけていくのです。でもそのときに、自分の癖もよく知ることです。一番いけないのは毎回違う構えや振り方になること。もちろん、構えや振り方はベーシックなものに近づければいいわけですが、いいスイングの人なんて、プロだって実は一人もいないんです。構えやスイングは一人一人みんな異なっている。だから、これが正しいとか正しくないとか、ベーシックに溺れないで欲しいと私は言うのです。

——癖のある構えやスイングでも、それに再現性が伴えば、芯に当たる確率が増えるということになりますからね。

倉本●そう。でもそれが練習場でできるようになっても、コースでできないことが多い。それはメンタルの問題ですよね。実はメンタルに問題があって飛ばない人が多いんです。池がある、OBがある、谷がある、バンカーがある。そうしたことでスイングが乱れてしまう。練習場ではそこそこいいのに、コースに行くとトップやチョロが出てしまう。これでは平均飛距離を上げることはできないでしょう。でもね、心の問題でミスが生じて、その結果本来の飛距離が出ないということはプロにだってある。つまり、技術的なことよりもメンタルのほうが遙かに大きいというわけです。

——言われてみれば、その通りですね。

倉本●平均飛距離のアップは、技術が4でメンタルが6の割合だと思います。でもだからといってメンタルを鍛えなさいとは言いません。大切なのは、どういうときにどのような症状が出るのかを理解すること。それを理解するだけで、芯に当たるようになるし、その結果、飛距離は確実にアップするのです。

——状況に応じての自分のショットを知るということですね。

倉本●そう。そして、そのためには練習場で球を曲げること。極端に言えば、真っ直ぐ打つことは役に立たない。ボールを曲げる練習をして、どのように打てばどれぐらい曲がるかを知ることなんです。曲がり幅と曲がる癖を理解する。そうすれば、右が嫌だ、左が嫌だという場面で、その癖を利用して上手く打てるようになる。心の中をコントロールできるということになるんです。

——真っ直ぐに飛ばそうと思って、そればかり練習するから、いざコースに出ると、それに心が縛られて、プレッシャーがかかるということにもなるんでしょうね。

倉本●それと安心して打てるクラブをつくっておくこと。このクラブを使えばミスがない。もっと言えば、思いのままコントロールできるクラブ。こうしたクラブを練習によってつくるわけです。これはアイアンで好きな番手をつくるということでもいいし、ドライバーが嫌いでスプーンが好きならそれでもいい。そういうクラブがあることで、ティショットにプレッシャーがかかるホールを上手く切り抜けることができる。それだけでも平均飛距離がアップするわけです。

——ドライバーで大きなミスを招くより、得意な番手で確実な飛距離を得ること。これもまた飛ばしなんですね。

倉本●ですから、400ヤードの長いパー4で2オンが難しそうなときに、無理して飛ばそうとしないで、アイアンで150ヤードを2回打って、残りの100ヤードを確実に乗せるようにすればいい。そうすれば最悪でもボギーにすることができるわけです。こうして苦手なホールを上手く切り抜けることです。

——でもプロはそうしたゴルフはしませんよね。

倉本●プロはスコアのアローワンスが少ないでしょ。パー72のところで67とか68で回らなければならない。とすれば1ホールでもそうしたことができにくくなる。リスクを承知のうえで攻めていかざるをえないから、パー4のところで3も出るし、4になるし、5にも6にもなることがある。しかし90を切ろうというゴルファーならば、1

ホールぐらいティショットでドライバーを使わずに自信のあるクラブで攻めても十分におつりがあるわけです。極端に言えば、毎ホールそうしたことをしてもいいくらい。パー72からすれば90であがるには、18回ボギーでもいいわけですからね。

――90切りのレベルで、プロのように毎回パーオン狙いをする必要はないというわけですね。

倉本●そうですよ。だって、そういう人はそれだけミスがたくさん出るから90切りのレベルなわけでしょう。だからこうした考え方は、ハンデ5以下の人にはお薦めしません。でもね、上級者やプロであっても、全体のスコアをまとめようと思ったら、ティショットから刻まざるをえないこともあると思います。最大限パーを取ろうと思ったら、そうした方法を採ることもあるんです。ティショットをドライバーではなく、アイアンやフェアウェイウッドで確実にフェアウェイをキープする。レベルは違うけれど、同じような考え方は持っていなければならないのです。

――コースマネージメントを常に考える必要があるということにもなりますね。

倉本●コースを賢く攻められるようになれば、心の問題もかなり解決できるということですね。自分の技術レベルに見合ったコースマネージメントを行うことができれば、ティショットのミスも減り、平均飛距離がアップして大叩きもしなくなりますね。

飛ばしたければ、短く持ってシュアに振る

——振るということで、もう少し平均飛距離を伸ばす工夫はないものでしょうか。

倉本●ドライバーを短く持って、シュアに振ることでしょう。

——ははは。本当に倉本プロは面白い。長く持って、思い切り振るのが飛ばしのコツと思っている人がたくさんいると思うのに。

倉本●だからさっきから言っているでしょう。芯に当てることが飛ばしのコツだって。ならば、長く持って思い切り振れば、これまでよりも当たるわけですか？　それこそ、長く持って思い切り振ろうと考えるのは、心が病んでいるんじゃないかなあ。

——確かに。

倉本●飛ばしたいから力むわけでしょう。それも心の病でしょ。今の皆さんの技術で200ヤードの平均飛距離を210ヤードにしようと思ったら、短く握ってシュアに振る以外にないでしょう。そして、50ヤードとか70ヤードしか飛ばないミスをなくすこと。そうすれば平均飛距離は簡単に伸びます。初めに考えることは、スイングをこうこうこうしたらということでは決してない。クラブの芯に当てることですよ。ですから、芯をとらえる確率の高いプロや上級者にとっては飛距離をアップすることは難しい。でもアマチュアは芯に当てるだけで飛距離アップができるんです。簡単なんですよ。

——ではシュアに振るとはどういう振りでしょうか?

倉本●シュアに振るとは確実に振るということですよね。マン振りではもちろんない。かといってゆっくり振れとも私は言わない。振りやすいスピードで振っていく。その意識が大切だと思います。

——バカなことを聞くと言われそうですが、インパクトゾーンだけでも速くする必要はありませんか。いわゆるクラブヘッドが走るというような……。

倉本●それってヘッドスピードを上げるってことでしょ。これは最初にも言ったように芯に当たらなければ意味がない。ヘッドスピード40m/sの人が45m/sになったとしても、正確なショットのできない人なら、ますます曲がって、その結果ますます飛ばなくなる。いつもドヒールに当たって200ヤードしか飛ばない人が、ヘッドスピードが上がったら、今度は林の中に入ってその結果、50ヤードしか飛ばないことにもなる。

――OBになれば、いくら飛んでいても結果は0ヤードですからね。

倉本●そうなれば、平均飛距離などアップするわけはない。ヘッドスピードを上げるということは、イコール、技術も上げなければいけないということなんです。でもどちらが先かといえば、技術を上げることでしょう。クラブの芯でボールをとらえる。狙ったところにしっかりと打てる。そうした技術を上げたうえで、ヘッドスピードがついてくればいいわけです。

――反省します。

倉本●ゴルファーの多くはマン振りして、チョロとかテンプラといった大きなミスをしてしまいます。でもそれをたまたまと思って、懲りずにまたマン振りしてミスを犯す。ナイスショットの予測しかしていないんです。皆さんはもっとミスショットの予測をするべきでしょう。確率を考えれば、ナイスショットして240ヤード飛んだ回数より、当たらずに200ヤードを切った回数のほうが遙かに多いはずです。それを心しておくべきなんです。

——確かにそうですね。

倉本●では飛ばしたいといって、今からランニングしますか？　ウェイトトレーニングしますか？　そんなことを考えたって無理でしょう。だったら、ゴルフをしましょうよ。コースに行って平均飛距離が伸びることをやりましょう。そのほうがよっぽど簡単なんですから。

ヘッドスピードが上がるクラブだからといって飛ぶわけではない

——飛ばしに関してのクラブ選びについて質問してもいいですか？　クラブメーカーはどこもヘッドスピードにこだわっていますよね。このクラブはヘッドスピードが確実に上がるから飛びますと宣伝します。となると、飛ばしたい我々はどうしても使ってみたくなります。

倉本●でも、それはあくまで物理の話でしょう。心のないマシンで打ったときの話でしょう。人間は物理では計り知れない生き物なんです。だから、いくらマシンで打って飛んだとしても、心を持つ人間が打ったら、ただの棒になってしまうこともあります。先ほども言ったように、飛ばしに関しても心の問題のほうが大きいんです。飛ぶクラブといっても、それを魔法の杖にできるか、ただの棒にしてしまうかは、皆さんの心にかかっているわけです。それを知ることですね。

――飛ぶクラブは、飛ばせる人が使うから飛ぶんですね。

倉本●再三言っていますが、どんなクラブを使ってもまずは芯に当てることです。とにかくミスショットがたまたまだと思わず、それが普通のことであって、ナイスショットこそたまたまなんだと思うこと。１００を切るレベルになった人は本当にそういった勘違いをしてしまいやすい。今のはヒールだからとか、ちょっと右に行っただとか、左に飛んだとか言うけれど、そういった技術レベルではないでしょう。自分をタイガー・ウッズか何かと勘違いしている人が実に多い。だから、ヘッドスピードをアップして、飛ばそうなどと考える。大きな勘違いです。

――上手くなった気がしちゃうんですよね。バカですねえ。

倉本●それと、飛ばしは持って生まれた能力だってことです。野球で言えば、誰もが4番打者にはなれないでしょう。ホームランバッターにはなりたくてもなれるものじゃない。でもシュアなバッティングを身につけて、1番打者や2番打者ならなれることもあります。ゴルフも同じなんです。シュアなスイングでヒットを狙う。そうしたショットをいつもすることです。きれいなセンター前でなくともいい。強い当たりならゴロのヒットでもいいんです。それが平均飛距離のアップにも繋がるし、いいスコアにもなるんです。

――我々はウェッジを握るときには1番バッターの気持ちになれるんですが、ドライバーを握った途端にホームランバッターの気分になってしまう。清原になっちゃうんです。

倉本●それがゴルフの怪しいところ。罠ですね。4番打者でもないのに、ホームランを狙うから三振になってしまうんです。ドライバーを持ってもヒットを狙うこと。それが大切です。そうすれば必ず平均飛距離が伸びます。いえいえ、最長飛距離だって伸びますよ。

——倉本プロは50歳を超えた今でももの凄く飛ばしますが、ドライバーを握っているグリップを見ると、グリップエンドをもの凄く余して握っていますよね。それって、実はシュアなスイングで確実なヒットを狙っているということなのでしょうか。

倉本●ようやく気づきましたか？　ヘッドスピードを上げたいのであれば、なるべく長く持つでしょう。でもそんなことはジュニアの頃からしたことがない。クラブヘッドの芯でボールをとらえること。これが一番飛んで方向性にも優れたショットが打てるんです。

——倉本プロはホームランバッターだとばかり思っていました。

倉本●ゴルフは野球じゃないんです。90度の広角のどこへ飛んでもいいわけじゃないんです。狙ったところに打てなくてはゴルフにはならないわけです。つまりは無闇やたらと遠くに飛ばすことなど、ゴルフの本質とはまったく異なることなんですよ。もちろんスコアメイクにおいては何をかいわんやです。

第3章 90を切るアプローチ術

グリーンへは
寄せるのでなく、乗せろ!

アプローチの基本の基本はとにかくグリーンに乗せる

――90を切るアプローチの基本。今回はこのテーマでお話を伺いたいと思います。倉本プロのような一流のプロに90を切ることについて聞くこと自体が失礼かもしれませんが、これまで多くのアマチュアともラウンドされていると思いますし、いろんなことが深く見える倉本プロですから、我々に参考になるお話が聞けるのではないかと期待しています。

倉本●アマチュアのゴルフは面白い。どうしてこんなミスをするのかとか考えるとその人の人間性や人生まで見えてくることもあります。でも、ここで言いたいのは、月イチゴルファーでも90を切ることぐらいは簡単だということ。それはいろんなアマチュアと回ってみて実によくわかる。考え方をちょっと変えるだけ、練習の仕方をちょっと変えるだけで簡単に切れる。それは私が保証しますよ。

——えーっ、本当ですかあ。そうなら嬉しいなあ。

倉本●で、月イチゴルファーが90を切るもっとも大切なものが、実は今回のテーマであるアプローチなんです。100ヤード以内のショットですね。

——スコアメイクはショートゲームだと言われます。

倉本●そうですよね。そのことはゴルフをするものならば誰もが知っている。でも多くのアマチュアはそれを頭で知っているだけで、心底考えてプレーをしてはいない。だから90さえも切れないわけです。

——はい……。

倉本●では、私から聞きますね。アプローチを上達するためには何が必要ですか?

——えっ?

倉本●これはね、本当のことを言えば、球数を打つしかないんです。プロが何であんなにアプローチが上手くできるのかといえば、アプローチの練習をもの凄くしているからです。でもこれは時間のない普通のアマチュアにはできないことでしょう。そもそもアプローチを練習する場所や機会がないですよね。

——はい。

倉本●だったらどうするか？　練習ができないのなら、現状のままで上手く処理することを考えるべきなのです。それはどうするかといえば、どんなショットにも言えるのですが、多くを望まないことです。

——望まなければ、上手く処理できるんですか？

倉本●まずはレッスン書に書いてあるようなことはしないこと。テレビで見るプロのようなアプローチはしないことです。ああいったアプローチはアプローチ練習場で存分に球を打ったからこそできるものなんです。一般のアマチュア、特に月イチゴルファーがするべきことじゃない。だからいつまで経っても90が切れない。

——ではどうしたらいいんでしょう。

倉本●コースに行ったら何を考えるか。何が何でもグリーンに乗せること。グリーンのどこだっていい。とにかく乗せる。それだけで90が切れる可能性があるんです。ピンは狙わなくていいんです。グリーンの広いところを狙って打てばいいんです。それも極力平坦なところにボールを落とすことです。寄せるなんて思ってはダメ。寄せなくていい。乗せればいいんです。

——とすれば、大体は、いつでもグリーンの真ん中に乗せればいいということになりますか？

倉本●そういうことにもなりますね。グリーンの真ん中は乗せるのにも確率が高く、実はカップにも近いんです。それなのに、無理をしてピンを狙う。カップに寄せようとする。だから寄らないどころか、大きなミスを招くことにもなるんです。

――なるほど。

倉本●グリーンの大きさを知っていますか？　概ねグリーンは縦30ｍ横30ｍあるとして、９００㎡くらいある。これは30坪の土地の家が3軒も建つ広さです。セカンドショットはともかく、１００ヤード以内のアプローチならば、その広さのグリーンには中心を狙って打てば、プロのような技術がなくてもなんとか乗せられるでしょう。

――確かに言われてみると広いです。

倉本●まずは寄せるのではなく、乗せる。これに徹してみてください。手前からゴロゴロ転がって乗せるのでも構わない。パターだってなんだって、クラブはあなたが得意なもの、これなら乗せられるというものならなんだっていいです。プロのようじゃなくて全然いいんです。格好なんて気にしない。とにかくグリーンに乗せる。月イチゴルファーのアプローチの基本の基本はこれですね。

練習場には6番と8番アイアン、それとウェッジを2、3本持っていく

倉本●では、90を切ることが目標の場合、アプローチはどれほど大切なものかを考えてみましょう。まずは90からパットの数を引いてみます。仮にパット数を30パットとすれば残りは60になります。そこからドライバーショットの14を引くと46ですよね。これがアイアンショットの数になるわけです。まずは90を切るなら全ショットの半分がアイアンショットであることを知るべきです。アイアンショットはとても大切なショットなんです。

――なるほど。

倉本●ではそのアイアンショットの46のうち、ショートホールのティショットとミドルとロングホールのセカンドショットを足すと18となります。46から18を引くと28。このほとんどが100ヤード以内のショットになります。すべてのショットの実に

30％になります。要するに100ヤード以内が乗るかどうかが90を切れるかどうかの分かれ目です。それをしっかりと頭に叩き込んで欲しいのです。

――肝に銘じます。しかもアプローチが上達すればパット数が減るわけですから、アプローチの割合が増えますますよね。

倉本●それがわかっているのであれば、何で皆さんは練習場でドライバーショットばかりやるのでしょう。

――体を使うので練習した気になるんでしょうね。

倉本●だったら、スポーツジムにでも行って体を動かせばいいでしょう。

――言われてみればそうですが、ドライバーが当たると実に気持ちがいいからということもありますね。

倉本●だったら90を切りたいなどと言わないほうがいいですね。

――でも、ドライバーが当たらないといいスコアが出ないと思うんですよね。

倉本●ほらほら、肝に銘ずると言いながら、私の言ったことがもうどこかに行ってしまっている。ドライバーは1ラウンドでたった14回しか打たないんですよ。そんなものにただでさえ少ない練習時間のほとんどを使ってしまう。実にもったいない。ドライバーなんてそこそこ当たってくれればいいんです。いえ、もしもコースに行ってドライバーがあまりにひどいのなら、アイアンだけでプレーすればいい。90を切るくらいならば実はドライバーなんかいらないし、ないほうが切れる可能性は高いのです。まずは練習場にドライバーは持っていかない。そうすれば練習することもなくなります。練習場へはアイアンだけを持っていけばいいんです。

——そうは言っても……。

倉本●まだそんなことを言っている。本当に90を切りたいのであれば、練習場へは6番アイアンと8番アイアン、それと100ヤード以内で使うクラブを2、3本持っていけばいいんです。ピッチングウェッジとサンドウェッジとアプローチウェッジ（ギャップウェッジ）でいい。4、5本で十分です。そのほうが少ない練習時間を有効に使えます。

——確かに言われてみるとそうですね。

倉本●こうしたクラブだけで練習をして、コースに出たら、プロが試合でするようなゴルフをしないこと。プロはたくさんの練習とそれに裏打ちされた技術を持っている。だからああいったプレーができるんです。皆さんがコースに出たら、プロの真似は決してしない。自分ができる最大限のことだけをすることです。上手い下手は関係なく、自分の自信のあるものだけでプレーする。そうしてグリーンに乗せていく。これですね。

――そう思います。

倉本●でもね、「そうですね、そうですね」と言って、コースに出ると、広いほうを狙っているのに、いざ打つときになるとピンに意識がいってしまってミスを犯すわけです。考え方と意識をしっかりと整理して打たなければいけません。

――広いところと平らなところを狙うことですね。

倉本●平らなところに打つことです。アップヒルやダウンヒルに落とすと次のパットの距離がつかみ難くなります。平らなところに打てば、次のパットもやさしくなるわけです。広いところでしかも平らなところを狙って打つということを心掛けて欲しいですね。

次のショットを考えて今のショットを打つこと

倉本●90を切るということは全ホールをボギーでいいわけですよね。ですからパー3は１８０ヤードあってもパー4と考えればいいわけですから、ティショットで乗せる必要がないわけで、であればそうしたパーなら取れますよね。１２０ヤードといった短かいパー3ならば、どんなことがあっても4打であがれるでしょう。そして、そうした気持ちでいけば、自然とあがってみたら3打だったということも多いはずです。３００ヤードのパー4も、これをパー5と考えればどんなに楽でしょう。6や7など叩くわけはないと思えるでしょう。こうした気持ちでプレーすることが大切なのです。

――そう思えないから叩いてしまうんでしょうね。我々は１２０ヤードのパー3や３００ヤードのパー4など、短いホールでダボやトリを叩くことも多いんです。

倉本●なぜ叩くのか。いろいろと原因はあると思いますが、グリーン周りで叩くケースも多いのではないでしょうか。この一番大きな要因はパー3ならティショット、パー4ならばセカンドショットで無理をするからです。無理をしてグリーンを外す。すると、いいところからアプローチが打てなくなることが多くなります。

——短いホールだと、最初からパー狙いになったり、あわよくばバーディが欲しいなんて欲も出ますから。

倉本●欲が実力以上のことをさせる。つまり無理をすることになってしまうんですね。そうしてグリーンを外して、難しいアプローチとなっている状況下でさらに無理をするわけです。

——ええ、最初からパーを想定していますから。

倉本●それがいけない。短いパー4ならば、逆に無理矢理乗せようとせずに、やさしいアプローチを打てるための、セカンドショットを打つべきなのです。どこにセカンドショットを打てばやさしいアプローチとなるかを考えて、セカンドショットを打つようにするのです。

——グリーンに乗せることばかりを考えてしまいますからね。

倉本●それならばまだいいほうで、ピンを狙う人も多いでしょう。それより、グリーンに乗せる自信もないのであれば、グリーンでさえも狙わないことです。次のアプローチの打ちやすいところを狙って、ポーンと打ってやればいいんです。そうすればラフやバンカーにつかまらず、変な傾斜にボールが止まることもないわけです。楽に3打でグリーンに乗せればいい。それもピンを狙わずに、グリーンの広いところで平らなところに乗せればいいんです。

——プロのような技術が我々にはないという自覚を絶えず持つことですね。

倉本●常に次のショットを考えてプレーする。次の次のショットまで考えてプレーできればいいのですが、まずは次のショットを考えて今のショットをすること。行き当たりばったりが一番よくない。今打つショットが、どうしてここから打つのかがわかっていない人が本当に多いのです。ここから打つのは、前のショットでここに打つべくして打っているから。そうしたゴルフをすることです。

——行き当たりばったりショットとは、さよならすることですね。

倉本●前にも言いましたが、そうすればティショットで、ドライバーを打つ必要がないこともわかってきます。370ヤードのパー4ならば、150ヤードを2回打って、残りを得意の70ヤードにして3オンすればいいわけです。200ヤード飛ばして残り

170ヤードのセカンドショットを、グリーンを狙って無理して打たなくてもいいわけです。くどいようですが、自分の得意の距離を知って、それに磨きをかけること。またその距離を残すように組み立てることです。

自分のリズムとテンポを身につけて
コースでもそのリズムとテンポで打つ

倉本●先ほども言ったように、パー4の場合、90を切るのであればパー5になるわけですから、無理をしてセカンドショットでグリーンを狙わず、得意な距離を残して3オンでいいわけです。しかし、そうは言ってもティショットがたまたまナイスショットして、無理をせずにセカンドが狙える場合もありますよね。でも皆さんは、こうした絶好のチャンスでミスをすることも多いですよね。

——打つ前からグリーンに乗っている気になっちゃうんです。

倉本●欲が力みとなって、リズムやテンポが狂ってミスになることも大いのです。どんな状況でも常に同じテンポとリズムで打たなければいけない。アドレスを正しく取ることも大切ですが、もっと大切なのはリズムとテンポ。これが乱れると、どんなショットでも大怪我に繋がってしまいます。

――ならば、リズムとテンポとはどう違うのですか？

倉本●えっ、その違いがわかりませんか？　リズムは拍子ですね。２拍子とか３拍子とかの拍子のことです。テンポは速さです。70とか80とか、１００とかね。ゆっくりの人もいれば速い人もいる。で、ゴルフの場合、リズムはどんなショットでも２拍子の人がほとんどなんです。「イチ、ニ、イチ、ニ」という２拍子。３拍子の人はいません。だから、漫画にあった、「チャーシューメン」は絶対にありえない。たまに「イチ、ンニ、イチ、ンニ」という裏拍子が入る人はいるけど、日本人は少ない。そうしたところは音楽と一緒かもしれません。日本人は民謡でも「イチ、ニ」の手拍子だから。外国はジャズなんかそうだけど、裏が入るでしょ。それはともかく、私のリズムは常に２拍子ですし、テンポのほうは少し違ってくるけど、リズムはドライバーからアプローチまで一緒なんです。

――ではテンポは？

倉本●これは先ほども言ったように速さ。人によってその速さは違うけど、よく言われるのは歩くスピードとスイングのテンポが一緒だってこと。ゆっくり歩く人はスイングもゆっくりになります。それから、ドライバーなど長いクラブはややゆっくりになるし、短いクラブはやや速くなる。フルショットやスリークオーターでも変わります。でも大きくは変わらない。ほとんど一緒の感覚でいいと思う。そのほうがミスが少なくなりますね。

――僕らはリズムもテンポも変わってしまうことが多いのですが……。

倉本●テンポは変わっても何とかいいショットになりますが、リズムが変わってはまずミスショットになる。アマチュアの場合は、常に同じリズムで、できればテンポも同じにして打つように心掛けることが大切ですね。普段の練習から自分の打ちやすいリズムとテンポを見つけて、それで練習して、実際のコースでもそれを実戦する。どんな状況下でもそれを守ることがナイスショットの秘訣です。これは今回のテーマであるアプローチでも一緒です。アマチュアはアプローチになると、テンポが変わったりする人が多いので要注意です。

――プロもテンポが変わることがありますか？

倉本●プロでもミスをするときはそれらが原因であることが多いのです。ミスの大半は欲と不安から生じますからね。スイングを始めているにもかかわらず、考えていたり、迷ったりしていては、ナイスショットになるはずがない。アマチュアの場合は、ボールに当たってもいないうちから、飛んでる方向を見てしまったり。もちろん、打つ前からグリーンに乗っている気がしていてはダメですね。

アプローチは絶対に成功する得意のクラブの転がしで打つ

倉本●リズムとテンポを守れといっても、打つのは人間ですから、ミスは当然の如く起きる。ゴルフはミスのゲームと言ってもいいわけで、ではミスをしたらどうしたらいいか。そのことを考えてみましょう。

——例えばパー4のホールで、セカンドショットをミスした場合ですね。

倉本●これはもう、グリーンに乗せるためにどうしたらいいかということしかありません。まず考えることはパターで乗せるということ。グリーンまで30ヤードあっても、それがパターなら絶対に乗せられるというのならパターで打つべきです。プロのようにサンドウェッジを持ってフワリと上げるなんて考えるからトップやザックリが起きる。絶対にそれが成功できるのであればいいけれど、たとえミスが出なくても、ちょっとしたフェースの入り方で思った距離が出なくなることも多いのです。だから、パターでなくとも、なるべくロフトの立ったクラブで、グリーンに乗せることを考えたほうがいいでしょうね。

——でも転がすより上げたほうが寄るときは寄る気がしますが……。

倉本●一方で大きなミスも多いでしょう。乗せるだけなら転がしのほうが乗る確率は高いと思いますよ。先ほども言ったけど、きっちり寄せるのではなく、きっちり乗せる。90を切りたいのであれば、乗せることに徹するべきです。タイガー・ウッズでさえ、寄せることをしないで乗せることに徹することもあります。スコアをまとめたい意識があれば、当然そうなりますよね。

——90を切るゴルフならば、乗せるだけでいいと。

倉本●90を切りたいと言いながら、あわよくば70台であがりたいなどと考えているのでは100を切れないことも多いと思います。いいときは85であがれるけど、悪いときは105というのでは、90を切るゴルフとは言えません。90を切るゴルフというのなら、最悪でも95でとどめなければならない。

——うわーっ、胸にグサリと刺さりました。

倉本●90を切るゴルフとは、調子がよくない、失敗をした、スリーパットもしたというときで95のスコア。いくつか失敗はあったけど、考えていることが大体できたというときに87や88であがるゴルフを言うのです。90を境目に10ストローク以内でおさめるゴルフ。それには90を切るゴルフに徹しなければならない。それはつまらないゴルフになります。ドライバーは思い切って振れないし、セカンドショットでピンは狙えないし、グリーンさえも狙わないこともある。アプローチでもピンを狙わずに乗せるだけ。パットだって入れようとせずに寄せていく。そうしたゴルフが淡々と行えなければならないんです。つまらないゴルフ。スコアを求めるとはそういうゴルフです。それはプロでもみんなやっていることなんです。

PW、AW、SWの3本ウェッジで、4通りの振り幅の飛距離を知る

倉本●つまらないゴルフを淡々と行うためには距離感を養うことです。特に100ヤード以内の距離感を養うこと。

——それはわかりますが、どうしたら養えますか？

倉本●練習で養うしかないわけですが、月イチゴルファーには時間がないのでより合理的な練習をする必要があります。まずは、自分の振り幅と距離を理解することから始めましょう。

——と言いますと……。

倉本●これは以前にも話したかもしれませんが、まずピッチングウェッジとアプローチウェッジ（ギャップウェッジ）とサンドウェッジの3本のクラブを用意します。そして、それぞれを、8時から4時のスイングで何ヤード飛ぶかを見ます。キャリーとランもしっかりと見ます。次に9時から3時のスイング、ハーフショットで同じように距離を把握します。そして10時から2時のスイング、スリークオーターショットで距離を同じように見ていきます。そして11時から1時のスイング。これは私の考えるフルスイングです。これでも同じように3本のウェッジを打って距離を知るわけです。こうして12通りのショットとその距離を把握するというわけです。

――恥ずかしながら、そうしたことをしたことさえありませんでした。

倉本●アベレージゴルファーにはそういう人が実に多いのです。そして、このときに大切なことは、距離を把握するだけでなく、自分の好きな振り幅と好きなウェッジをしっかり認識することなのです。そしてその距離を把握する。誰でも必ず自分好みの振り幅とそのウェッジがありますので、それを見つけておくのです。そうすればその距離にアプローチを残せばいいということになりますし、残った距離を自分の一番得意なクラブの得意な振り幅で打てることになるからです。

――これまでは練習場でただ闇雲にいろんなウェッジを打っているだけでした。

倉本●しかも練習場にあるピンを目がけて打っていたでしょう。それではいくら打っても距離を把握することはできません。ピンは無視することです。感覚で打っていてはダメなのです。振り幅で何ヤード飛ぶのかをしっかりと認識するのです。

――これからは心して行います。

倉本●ウェッジの物差しができれば90を切ることは簡単にできますよ。敢えてセカンドショットでグリーンに乗せなくとも、どこへ打ったら次のアプローチショットで確実に乗せられるかがわかりますから。私が最初に言ったことが実行できるようになる。アプローチをする意味ができてくるのです。何となくこのクラブで、何となくグリーンの広いほうに乗せるという感じでは絶対にダメです。確実に、この距離ならこのクラブで、この振り幅で乗せられるということがわかっていなければならない。それが自信にも繋がるわけです。

――アイアンは何番アイアンが何ヤード飛ぶかは大体知っているのですが、ウェッジ、特にその振り幅の違いでどれくらいかは把握していませんでした。

倉本●ではもっと言いましょう。ピッチングウェッジ、アプローチウェッジ、サンドウェッジの3本のいつも通りに握った距離はわかったわけですから、今度はグリップエンドいっぱいに握った場合と、グリップの一番先端を握った場合のそれぞれの、8時から4時、9時から3時、10時から2時、11時から1時の振り幅での距離を把握することです。こうすれば3×12の、全部で実に36通りの距離が打ち分けられることになります。実際には重なる距離も出てくると思いますが、キャリーとランが異なるので、実際のグリーン周りの状況で選択できることになります。これが把握できて上手に打てるようになれば、90はおろか、80を切ることさえ簡単にできますね。

――今、3通りのグリップで打つことを教えていただきましたが、実は我々アマチュアはグリップをグリップエンドまで握っている人が実に多いと思うのです。

倉本●そう思います。ドライバーでもアイアンでもグリップエンドは少し見えているぐらいに握るのが普通の握りです。グリップエンドが手のひらの中に入ってしまってはいけないんです。それはなぜかというと、クラブが振りやすくなって方向性が悪くなってしまうからです。飛ばしたいと思っている人は自然とそうなっているかもしれませんので、チェックしてみてください。グリップエンドを手のひらで包まず、少し余しているくらいがしっかりと振れて方向性を安定できるのです。

――倉本プロが前回の章で「ドライバーを短く持ったほうが芯に当たりやすくなるから、飛距離がアップするよ」と指摘されたことと一緒ですね。

倉本●ドライバーはグリップエンドを2インチ余して打ったら、必ず正確性が増すと思います。ヘッドとシャフトのバランスができる。力が拮抗するんです。とにかくは手のひらの中でクラブを支えていなければいけないのです。

――グリップの握りの長さを変えるというのは、ウェッジだけではないですよね。

倉本●もちろん。握りの長さだけでなく、振り幅の違いも、ウェッジだけでなく、アイアンならすべてやっておいたほうがいいですよね。それが距離の打ち分けになるのです。軽く打ったり、強く打って距離を打ち分けるのは難しいし、ミスにも繋がる。アマチュアは振り幅とグリップの長さで変えるほうが断然いいと思います。

――ではその振り幅と距離の打ち分けは、倉本プロも同じようにやっているのですか?

倉本●やってないですね。私たちは見た目と体がリンクしているので、この距離ならばこのクラブでこう打つなんて考えないのです。ライや風、グリーンやグリーン周りなどの状況を見たら、自然に打ちたい球筋が見えて、それが可能なクラブを選択できて、自然に振れる。もちろん迷うことはあるし、実際、迷うことのほうが多い。それは技術がいろいろあって、引き出しがたくさんあるから、様々な方法を選べるからなんです。だからその迷いで失敗することもあるけれど、それだけの引き出しのお陰で成功することのほうが遥かに多いのです。ですから、決断することが大切なんです。

――決断したらすぐに打つというわけですね。倉本プロは若いときから素振り一つしないで打ちますからね。

倉本●とにかく、90を切りたいのであれば、アイアンはともかく、ウェッジだけは距離の打ち分けを把握する。そしてそれが常にコースで実行できるようにして欲しい。その数が増えれば、自ずとスコアはアップしていきます。倉本が保証しましょう。

第4章

90を切るバンカーショット

砂を飛ばせば
普通に打っても出る

バンカー恐怖症をなくすなら「バンカー縛り」のラウンドをしてみる

――今回はバンカーショットについて、倉本プロにお伺いしたいとやってきました。バンカーで大叩きという経験は誰にもあると思います。バンカーから一度で出せなかったり、ホームランしたり……。それで90が切れなかったという苦い体験もありますね。

倉本●私たちプロにとっては、バンカーショットは難しいショットではありませんね。ラフなんかからのアプローチに比べたら、うんとやさしい。だから、わざとバンカーに入れることもありますね。

――わざとですか？　プロの人たちがよくそんなことを言っているのを聞きますが、本当なんでしょうか？

倉本●頻繁にあるわけではないけど、パーを取るためにそういう選択をすることはありますね。例えば、花道もなくって、グリーンに直接打ったら止まらない。そんなときはバンカーにわざと入れて、そこから寄せます。バンカーショットはキュッと止める打ち方ができますから、ピンにピッタリと寄せやすい。もちろん、寄せやすいバンカーに入れるわけですけど。

——僕らはバンカーというだけで、拒絶反応が出ます。「ああ、バンカーだ。嫌だなあ」と。

倉本●それはバンカーの練習を徹底してやったことがないからですね。私たちは一日中、砂の中にいたってこともありますからね。

——慣れの問題ですか?

倉本●それは大きいんじゃないでしょうか? 皆さんも一日でもいいから、バンカーで砂まみれになったらいいと思います。バンカー恐怖症は絶対と言っていいほどなくなりますよ。コツがわかれば簡単なショットですからね。でも、実際は練習場にバンカーがあるところも少ないし、無理かもしれませんね。

——以前、今日は練習ラウンドだからと言われて、毎ホール、バンカーに入れさせられたことがありました。セカンドショットでバンカーを狙い、たとえ入らなくても、そこからわざとバンカーに転がし入れるんです。せっかくグリーンにナイスオンしてもバンカーに入れるんですよ。これは泣きます。泣きの「バンカー縛り」ですね。

倉本●それは一種のショック療法ですね。でも、その後はバンカーが怖くなくなったでしょう。

――どうかなあ。たまのラウンドなのに、「バンカー縛り」はきついですよ。今日はいいスコアを出すぞと、朝から気合い十分だったのに、意気消沈です。

倉本●でも皆さんにとっては、コースで練習するというのは非常に大事なんです。河川敷などプレーフィの安いコースで、スコアにこだわらないで、苦手なものを敢えてやるようにするのは本当に効果が出ると思いますね。「バンカー縛り」も後々必ずやっておいてよかったと思うときが来ますよ。

――そうですか。ならば、信じたいと思います。

倉本●（笑）。だったら、もう一度「バンカー縛り」にトライしてみて欲しいです。自分から90を切るために敢えてやるんだと思えば、きっと前回とは違う気持ちで学べると思いますよ。

芝から打つように普通にダフって打つ

——しかししかし、どうやったらバンカーショットって上手くできるのでしょうか?

倉本●ははは、そういう質問をするってことは、バンカーショットは特殊なことをやるショットだという思いがあるんでしょう。でも、それが難しくさせるわけですね。ただでさえ、練習したことさえない、砂から打たなきゃいけないのに、しかもいつもと違う打ち方をしなきゃならない。そう思えば、そりゃあ、上手く打てないでしょう。

——だって、スタンスをオープンに、フェースもオープンにして、ボールの数センチ手前にクラブを入れて、砂ごとボールを出せっていうじゃないですか。

倉本●確かに、プロのバンカーショットは、そういうふうに打っているし、だからこそ、レッスン書にはそう書かれている。でも、前回のアプローチでも言ったけれど、プロがやっていることを真似するから上手くいかないわけ。アマチュアにはアマチュアの打ち方でいいんです。

――えっ、プロのような打ち方ではダメなんですか?

倉本●もちろん、できればそれに越したことはないけど、それにはたくさんの練習が必要なんですね。で、その打ち方っていうのは、グリーンに落ちたら、ピタッと止まるような打ち方です。それは、バンカーからピンまで距離が近いときにでも、寄せられる技術でもあるわけで、だからこそ、ちょっと高度なテクニックなわけです。皆さんには皆さんに合ったバンカーショットがまずはあるんですよ。

――えっ、それはどんな打ち方なんですか?

倉本●では、教えましょう。

――はい。

倉本●それは、芝の上から打つように、普通に打つことです。

――えっ、普通でいいんですか?

倉本●そう、普通でいいんです。普通に、いつものようにダフって打てばいいんです。

――いつものようには余計ですよ!

倉本●それは失礼(笑)。でもね、サンドウェッジを持って、そのままいつものように構えて、ボールのやや手前を打つだけ。ボールをすくおうとか、上げようとか考えない。いつものように打つことです。

――それで出るんですか？　出ないから特殊な打ち方をするのではないんですか？

倉本●それは大昔の話ですよ。ジーン・サラゼンがサンドウェッジを発明するまでは9番アイアンでバンカーから打っていたわけですから、これは特殊な打ち方が必要でしょう。でも今は、サンドウェッジが生まれて、しかも普通の打ち方でもしっかりと出る設計のサンドウェッジばかりです。だから、クラブを信じて、普通に打ってみてください。ただし、打ちたい距離の倍くらいの距離を打つつもりでクラブを振ることです。これが肝心。

――倍ですか？

倉本●そう。5ヤードなら、10ヤードくらい打つつもりで大きく振ることです。いや、極端に言えば3倍でもいい。15ヤードを打つくらいの思い切りが大切なんです。ちょっと怖い気がするかもしれないけれど、砂を打つので、それくらいの力が必要なんですね。

――なるほど。

倉本●今、力と言ったけれども、誤解して欲しくないのは、打つときに力を入れるんじゃないってことです。前回のアプローチでも言ったけれど、リズムとテンポはどんなショットでも変えない。それはこのバンカーショットでも同じです。いつものアプローチのリズムとテンポでバンカーからも打つ。ただし、倍の距離を打つってことです。その大きさのスイングをすればいいわけです。

——砂ごと打つというので、力が入ったり、打ち急いでしまうことがあります。それが失敗の原因ですね。

倉本●そうだと思いますね。いつもと同じショットでいいんです。それを自分に言い聞かせてください。よく、砂に打ち込むだけでフォローをとらない人がいますが、それでは出ない。打つ瞬間にボールが飛びすぎるかもと思って、インパクトで止めてしまうのかもしれないけれど、それでは出ませんね。いつもと同じスイングでバックスイングと同じだけフォローをとるようにしてください。

——フォローではフェースを返すな、とバンカーショットでは言われますが……。

倉本●まずはそんなことなど何も考えない。さっきから同じことを言っているけど、バンカーショットはいつもと同じスイング。いつものようにダフって、倍くらい打つことです（笑）。それが、バンカーショットの基本の基本ですね。

ピンに寄せようとせず とにかく一発でグリーンに乗せる

——普通に打つバンカーショットが基本ということですが、狙いどころはピンでよいのでしょうか？

倉本●またそんなことを言っている。前回のアプローチでも言いましたけど、ピンを狙って、そこに打てるんですか？　皆さんにとってバンカーショットは経験の少ないショットなわけでしょう？　ならば、ピンに寄せようなんてことは考えない。とにかく一発でバンカーから脱出すること。それが至上命令です。

——とにかく、グリーンに乗っかればいいと。

倉本●もちろんです。ピンの方向に打ちやすければ、その方向に打てばいいですけど、

まずは確実に出そうな方向に打てばいい。普通のスイングでも出そうな方向です。アゴが高くないとか、アドレスしやすいとか、バックスイングもフォローもとりやすいとか。それで一発で脱出して、グリーンに乗せられれば良しです。グリーンの端っこでもよいですから、しがみつきたいですね。

――前回のアプローチと一緒で、グリーンの広いところに落としていけばいいと。とりあえずは、グリーンの真ん中でよいと思えばいいのでしょうか。

倉本●その通りでしょう。だって、今お話ししているのは、90を切るバンカーショットなわけですよね。となれば、ボギーでよいわけでしょう。とすれば、無理にピンに寄せてパーを狙う必要なんてないわけです。つまりプロのような打ち方で、プロのように狙っていく必要はないんです。それなのに、そういうことをしようとするから大叩きをしてしまう。普通に打って、とにかくグリーンのどこかに乗せる。ラッキーならば、ワンパットとなってパーになる。そんなバンカーショットを試みて欲しいですね。

――確かにそれは僕たちにとっての基本ですね。

倉本●そう、それこそ90を切るバンカーショットです。

——ではでは、普通のスイングで普通に脱出できるようになったとして、もう少し、レベルアップをしたいという場合のバンカーショットを教えてください。

倉本●やはり、そう来ましたか?

——アゴの高いバンカーとかって結構あるじゃないですか? また、グリーンにしがみつくために、やはり止めなくちゃいけない場合とかもあるでしょう。

倉本●そうですね。それは先ほどお話した、普通のバンカーショットの応用ということになります。あくまで応用ですよ。応用と考えなくて、違うことをしようとするから難しくなってしまうわけですから。

——応用ですね。

倉本●応用とは通常のセットアップよりも、スタンスとフェースをオープンにするということなんですが、これがどうも間違って受けとられやすい気がしますね。

——はい。例えば、フェースとスタンスをオープンにするだけで、ボール位置なんかがさっぱりわからなくなってしまうんです。

倉本●なるほどね。ならば、バンカーショットがどういうショットかをまずは考えてみる必要があります。

――と言いますと……。

倉本●バンカーショットは、サンドウェッジのソール、つまり丸くて厚いバンスに砂を当てて、その砂の飛び出す勢いと一緒にボールを出すショットです。いわゆるエクスプロージョンショットと呼ばれる砂の爆発で脱出するショットですよね。つまり、これはサンドウェッジのリーディングエッジから砂に入れるのではなく、バンスが砂に当たるように打たなければなりません。となれば、そうなるように構えればいいということになりますよね。

――言われてみればまさにその通りです。

倉本●ならば、そう構えてみましょうよ。

フェースは「開く」のではなく、「傾ける」が正しい

——うーん、そう言われてもわかりません。教えて欲しいのですが……。

倉本●私たちプロのようなバンカーショットをしようというのであれば、まずはそのように構える必要があります。それは、皆さんにとっては、自分が主役にはならないということです。

——主役？　それってどういうことですか？

倉本●自分からどう打とう、どう構えようとしすぎということです。それだから、逆にどう構えてどう打ってよいのかがわからなくなってしまう。

——はあ……。

倉本●クラブを主役にしてやればいいんです。で、サンドウェッジのバンスをより使うようにするには、クラブフェースを開くというわけですよね。

――はい、「フェース開け」とはどんなレッスン書にも書いてあります。

倉本●でも、この「開く」という言葉が誤解を招くんですね。皆さんにフェースを開いてと言うと、リーディングエッジがどんどん右に向いてしまいます。でも、「開く」という意味は、本当はそうではないんです。ボールが飛び出す方向は、どんな打ち方をしようが、あくまでフェースの向きが問題となります。だから、ピンに向かって打つのであれば、フェースの向きはあくまでピン方向でなければなりません。つまりリーディングエッジもピンに正対するわけです。普通に打つときと同じフェースの向きを保ったまま、フェースを開かなければならないわけです。

――なるほど。

倉本●となると、フェースは開くというよりも、傾けるというのが実は正しいと私は思います。「開く」のではなく「傾ける」です。

――「傾ける」。クラブを主体にするとわかりやすいですね。

倉本●「傾ける」とは、ロフトの角度が大きくなるように、シャフトを後方に傾けると言ってもいいかもしれない。で、その傾けたクラブに、自分の体を合わせればいいんです。それがクラブを主役にするという意味なんです。

――クラブを傾けたまま、グリップを握るわけですね。

倉本●そうです。シャフトが後方に傾くということは、クラブのグリップ部分も体の正面から外れて、体の右側に移動します。ですから、体はそのグリップ位置にまでスタンスごと右に移動するわけです。右に回り込むと言ったほうが正しいかもしれません。そうすると、自然とスタンスはオープンになると思います。どうですか、ボールは自分から見て左足カカト前方にあるように感じるでしょう。それでいいんです。

――それで、ボールのやや後ろを打てばいいわけですね。

倉本●そう。でもね、このときにボールの後ろ、何センチなんて細かく考えないほうがいいんです。ボールの後ろを自然にダフればいいわけです。フェースを傾けているので、自然にバンスから砂に当たります。ソールが滑ってスパッと砂が切れるように打てますよ。フェースを立てるとリーディングエッジから砂に入りやすいので、気をつけたほうがいいのですが、フェースを傾ければそれだけで大丈夫。ボールの後ろに回り込んで構えていることになるので、自然にダフれるし、バンスから打てるんです。

オープンスタンスに沿って　そのまま振り抜く

――構えはできたわけですから、あとはどう打つかですね。スイング軌道はどうしたらいいでしょうか？

倉本●面白いこと言いますね。スイングの軌道はどんなときでもスタンスの向きになるわけです。ドライバーでもオープンスタンスに構えれば、そのままのスイングになるから、ボールがこすられて、スライスが出るわけでしょ。それをオープンスタンスに構えていながら、インサイドアウトに打とうなんてするからひどいミスショットになってしまう。そんな難しいことはプロだってやらないんです。オープンスタンスに構えるのは、オープンスタンスのスイング軌道で打ちたいからです。自然にそうなるように打ちたいからそう構えているんですよ。

――なるほど。

倉本●なるほどじゃないでしょ。オープンスタンスに構えたのだから、そのスタンスに沿って振ればいいわけです。

――でもレッスン書には、オープンスタンスに構えてカット打ちにするって書いてあるでしょう。となると、カットしなきゃって思ってしまうんです。

倉本●違うでしょう。そんなことをするから、切りすぎてバンカーから出なくなっちゃうんです。オープンスタンスにしている段階で、もう普通にスイングすればカット打ちになってしまう。それを間違えてはいけませんよ。

――じゃあ、なんで、カット打ちにせよって書くんですかねえ。

倉本●雑誌の編集者やゴルフライターが悪いんでしょう（笑）。いいですか。プロというのは、打ち方を考えて打ってはいないんです。こういう球の上がり方をして、こういうスピンをかけて、こういうふうにグリーンに止めたい。そういうイメージを持てば、あとはそういうボールになるように自然に構えて自然に打ててしまうものなんです。皆さんの場合は、どう打つかが先に立ってしまう。それをまずは見直してみてください。どんなボールを打ちたいか。そこから始まって、どう打つかを考えてみて欲しいんです。

——すみません。いつでもどう打つかを、レッスン書から読んだ通りにやろうとしてしまうもので……。

倉本●マニュアル化したら、ゴルフなんてつまらないものになりますよ。もっと自分なりに考えて工夫して欲しい。そうすればいろいろなことがわかりますし、自分にピッタリと合うものもわかってきます。それにイマジネーションも増えますよ。

——いろいろと試してみることが大事だと。

倉本●そうです。でもそれはそれとして、ここでは、スタンスの向きに沿って自然に打てばよいということです。オープンスタンスに沿って打つ。それだと皆さんは左に飛んでいきそうに思うかもしれませんが、前にも言ったようにボールはリーディングエッジの方向に飛ぶんです。心配しないでください。しかも、その結果、カット打ちになるわけですから、ボールは自然と止まるというわけですね。

——カットに打つのではなく、自然にカット打ちになる。ここがポイントですね。

倉本●それに、クラブを振ることにおいては、コックを使うとかといった特別なことはしないこと。アプローチの要領で自然に打つことです。

——ということは、フォローでヘッドは返さないほうがいいですね。

倉本●うん。本当はそういったことも考えて欲しくはないけれど、実際、アプローチでもそうした打ち方になるわけだから、打ったあと、ヘッドはフォローでも空を向いているほうがいいですね。そうすればボールはふわっと上がってくれますから。

飛ばしたい距離は、スタンス向きの角度で調節する

――ところで、ボールのやや後ろを打つとして、僕たちはどれくらい砂を掘ったらいいのかがわかりません。ピンが近くだと、飛ばないように砂を深く掘ったりしますが……。

倉本●またまた面白いことを言いますね。アプローチをするときに、飛ばしたくない場合は地面を深く掘るんですか？　掘らないでしょう。バンカーも一緒ですよ。砂を深く掘るっていうことはない。自然にダフればいいわけです。まあ、どちらかといえば薄くスパッと切る感じですね。

——薄くきれいに入れたいなんて考えてしまうと、今度はホームランになったりするんです。困ったもんです。

倉本●なるほどねえ。それならば、バンスで打つってことが、どういうことかがわかる練習法がありますから、それをやってみるといいでしょう。それは、バンカーの中に板を埋めるわけです。で、その板の上に砂をかけて、そこにボールを置いて打ってみる。深く掘ろうとしたら、バンスが板に跳ねられるから深くは掘れない。ボールの手前を丁度いい感じで打てるようになるわけです。自然にバンスを上手く使えるようになります。

——いい練習ドリルですね。でも、やれるところがないかもしれない……。

倉本●そうですよね。どこかのコースのメンバーになって、そこのアプローチ練習場でバンカーの練習もするといいのですけど。まあ、できればってことですね。

——はい。

倉本●あとは距離感なんですけど、これはフェースを傾けた分、ボールが上がって距離が落ちるので、最初に言った普通の打ち方よりも、遠くに打つつもりがいいですね。

実際の距離の3倍が目安じゃないかな。5ヤードならば15ヤード。10ヤードならば30ヤードを打つつもりで、その大きさのスイングをすること。このときも打ち込んで、そこでお終いではなくて、バックスイングと同じだけのフォローはとる。これを守ってください。

――でも、ピンが近くだと、小さなスイングにしなければならず、それだとバンカーから出すのがとても難しくなってしまいます。本当に薄く砂をとらなきゃいけないような気がして……。

倉本●なるほど。では、距離の出し方を私なりに教えしましょう。それは距離に合ったアドレスをすればいいってこと。これなら、いつでも大きく振ることができるんです。

――距離にあったアドレスって、どういうことですか?

倉本●オープンスタンスの、そのオープンの度合いを変える。ピンが近くなればなるほどオープンにするわけです。そのときの目安としては、飛球線の後方ラインと、スタンスラインの後方ラインが交わるところが問題になります。オープンスタンスの度合いが大きくなるほど、その交わる点は体の近くになりますよね。その逆に、スタンスがスクエアに近づけば、その交差点は遠くになります。

――はい。

倉本●そして、ボールとその交差点までの距離が、実はボールが飛ぶキャリーの距離になるわけです。つまり、10ヤードキャリーで飛ばしたいと思うのなら、ボールと交差点までの距離も10ヤードにすればいいわけなんです。そういうふうにスタンスの向きを変えるんです。

――へえー、面白い理論ですね。飛球線後方とスタンスライン後方の交差点が飛ばしたい距離ですか。前に打つのに、後ろを振り向いちゃうところがユニーク。やってみます。それで、10ヤードのキャリーのときに、30ヤードの距離を打つんだと思って大きく振ればいいわけですね。

倉本●そう。それとね、実はオープンスタンスの度合いを大きくすると、自然とフェースもオープンの度合いが大きくなるということも覚えておいて欲しいんです。だから、飛ばずに止まるわけですね。

――となると、スピンに関してはどうですか?

倉本●スピンをかけてボールを止めたいときは、今も言ったようにオープンスタンスの度合いを強くして、大きく振るわけです。つまり、飛ばさないスタンスで、飛ばす振りをするってことですね。逆にスピンを減らして転がしたいときは、飛ばすスタンスで飛ばない振りをする。つまり、スクエアスタンスに近くして、小さな振りにするってことになります。

――なるほど。アプローチと一緒と考えればいいのでしょうか。

倉本●そうですね。止めたいときはロブショットのように打ち、転がしたいときはランニングやピッチ&ランのような感じで打てばいいってことになりますね。でもこうしたことも、バンカーの中で練習してこそ身につくものなんです。理屈でいくらわかったような気になっても、バンカーショットはやはり、経験というか慣れが必要ですね。練習して慣れて、こうやればこんな球になるのか。こんな角度でこれぐらい転がるのかなどを身をもって体験して身につけないといけない。それができない限りは、普通の打ち方で、とにかくグリーンにしがみつく。これが一番だと思いますよ。

――はい。普通の打ち方でまずは大叩きをなくし、ボギーであがれるようにしたいと思います。それからですね、応用編は。ありがとうございました。

第5章 90を切るパット術

パターヘッドの芯で
ボールの芯を打つ！

1ラウンド30パット以下にすれば90を切ることはかなり簡単

――今回はパットについてお聞きしたいと思います。それも我々アマチュアゴルファーのために、90を切るパット術について。パットであればプロのような体力は必要ないのですから、できれば80を切るパット術といった高いレベルのお話を伺いたいのです。

倉本●なるほど。90や80を切りたいのであれば、1ラウンドのパット数を30以下にすることでしょうね。そうすればショットがそこそこでも、90のスコアは楽に切れるんじゃないかな。

――えっ、30パットですか。パットは各ホール、2パットでいければいいと思っていました。つまり1ラウンド36パットでいいと。というのも、パー72はショット36回のパター36回で成り立っているんですよね。

倉本●何を言ってるのかなあ。それはすべてパーオンができることを基準にしているからでしょう。プロだって常にパーオンが１００％なんてことはない。データを見れば一目瞭然だけど、いいところ70％。50％台の選手だっている。とすれば、寄せワンでパーを拾って、何とかパープレーに持っていこうとするわけだから、パット数は当然30パットを切っていかなきゃいけない。実際、平均パット数は、プロのパットの上手い人で27点台、下手な人でも29点台。アマチュアよりもずっとパーオンしているのにかかわらず、30パットは切ってる。アマチュアならば、ほとんどパーオンがない場合もあるわけで、ならば30パットは当然切っていかなきゃいけません。１ラウンド36パットでいいなんて、とんでもない。だから90はおろか、１００も切れないなんてことになるんです。

――すみません。

倉本●今回はショット数から考えてみましょう。ドライバーが14回で、アイアンがパー3とパー4で1回、パー5で2回ショットするとして22回としましょう。足したこの36回ですべてパーオンできればいいけれど、当然グリーンを外す。では、18ホールすべてパーオンできず、ボギーオンだとしましょう。すると36回＋18回で54回。90を切ろうと思ったら、すべてボギーオンでも35パットできることになります。30パット以下にすれば、もっともっとミスできる。ショットが悪くたって、楽に90を切ることができるのがわかるでしょう。80を切るにしたって、30パット以下なら、ほとんどボギーオンでも達成できるんです。

――なるほど。そうですね。

倉本●だから、さんざん言ってきているように、ゴルフはドライバーなんかよりアプローチとパターが大事なんです。ドライバーはたったの14回しか使わないのに、パターはその倍以上も使う。なのに、アマチュアはちっともパターの練習をしないでしょう。これでは、なかなか90は切れませんよ。

――ではどうしたら、30パットを切るようになれるのでしょうか。スコアカードにパット数を書き入れていくと、今日は頑張って入れたなと思っても32パットくらいがせいぜい。20パット台になることはなかなかありません。

倉本●では、シングルハンディなどの人はどうでしょう。きっといつも30パットを切っていると思いますよ。それもアプローチとパットの上手な人は、20パットそこそこってこともあるはずです。普段からの練習が問題ですね。

――そうですね。上手な人は本当に寄せワンでパーを拾いますね。グリーンの手前から転がしてOKなんて、よく目にします。

倉本●ではそうしたゴルファーになれるためにも、具体的に30パットを切るというパット術を教えましょう。それにおいて考えることは、3パットをなくし、1パットを最低7回は行うということになりますよね。そうすれば、各ホール2パットの36から7を引けば29パットということになりますから。

――なるほど、パット数をそんなふうに考えたことはこれまで一度もありませんでした。よろしくおねがいします。

自分の好きな振り幅でパットして自分のモノサシをつくる

倉本●ではまずは3パットをなくすにはどうしたらいいでしょうか。

——距離感をよくするということでしょうか。

倉本●その通り。パットは方向性と距離感の二つの要素が大切なわけですが、まずは距離感です。ロングパットでは方向なんてある程度いい加減でいいし、カップを狙って打てばそこそこその方向に打てるものです。しかし、距離のほうはなかなか上手く打てない。強すぎたり、弱すぎたり。左右の差より前後の差のほうが余程大きいでしょう。これを何とかしなければいけません。

——はい。２ｍぐらいは、軽くオーバーしたりショートしたりします。

倉本●自慢してどうなるんですか。距離感をよくするには、まず、芯で打つこと。これが最も大切な第一歩です。

——えっ、芯ですか?

倉本●これが意外と皆さん、できていない。パターヘッドの芯でボールの芯をきちんと打つことです。ヘッドの芯より、やや先っぽやヒール側で打っているなんてことが結構あると思いますよ。ダフったり、ややトップしたりといったこともあるんじゃないですか。

——言われてみると、心当たりが……。

倉本●大体、構えたときにボールとパターフェースが離れている人って多いと思います。ピッタリと付けるぐらいでなければ、芯に当たりません。で、芯で打たなければ、距離感もへったくれもない。

――そうですね。毎回いい加減な当たりでは、距離がまちまちになってしまいますよね。

倉本●だから、まずは同じ場所から、同じストロークをして、同じところに止まるように打つ練習をしなければならない。パットの練習はまずそこから。カップに入れるのはそれができてからでいい。しっかりと芯に当てて打つ。それを家でも練習グリーンでもどこでも構わないからマスターすることです。

――距離はどのくらいですか？

倉本●距離はどれくらいでも構わないわけです。自分が気持ちよくストロークできる振り幅で打てばいいでしょう。気持ちよく打って、いつも同じところに止まるようになればいい。そうすれば自分のモノサシというものもできるようになるんです。

――モノサシですか？

倉本●例えば、ラウンドの前に練習グリーンでパットの練習をするときに、まずはカップなどは狙わないで、芯で打つことをマスターしたときのように、気持ちのよい大きさの振りでパットを打つわけです。平らなところを選んで、ボールを縦に3個なら3個並べて打ちます。皆同じあたりに止まりますよね。で、その距離を歩測するわけです。5歩なら5歩。それが本日のモノサシになるわけです。で、これがいつもの自分の歩数より少なければ遅いグリーンというわけですし、多ければ速いグリーンになる。それを頭の中で感覚としてとらえておくわけです。

――なるほど、本日の自分のモノサシを知るわけですね。

倉本●そう。そしてその本日のモノサシを使って、当然実際のラウンドに役立てるわけです。グリーンにボールが乗って、カップまで4歩なら、一歩分ストロークを短めにして打つというわけです。もちろん、練習グリーンと本番のグリーンの速さが違うことも多いので、そのあたりは最初の2、3ホールで本番グリーンと練習グリーンの誤差を知って調節すればよいわけです。練習グリーンの5歩のストロークが本番グリーンでは何歩になるかを見極めるのです。

――なるほど。こうすれば距離感が合うようになりますね。

ファーストパットは次のパットが上りのストレートになるように打つ

倉本●ロングパットの距離感がつかめるようになったら、次はファーストパットをどこに外すかです。

――えっ、距離感があったら、入れにいくんじゃないんですか？

倉本●またまた、何を言ってるんでしょう。3パットをしないようにすることが目的ではなかったのですか？

――はい……。

倉本●もちろんロングパットだって入るに越したことはないけれど、次のパットが簡単ではないところに残すようなパットをするアマチュアって意外と多い。例えば下りのパットなのにショートしてまた下りのパットを残すとか。フックラインやスライスラインなど曲がるラインを残す人もたくさんいる。うん、こういう人のほうが多いですよね。

――次のパットのことなど考えずに、ただ入れたい、寄せたいと思って打っています。

倉本●そうでしょう。何も考えていないってことが3パットを生むんです。ファーストパットで考えるべきことは、次のパットが上りのストレートラインに残るようにするってことなんです。上りのストレートなら、1mを残してもほとんど入る。楽なパットなんです。でも下りや曲がるラインならば、そうはいかない。50cmでも入るとは限らない。だから、ファーストパットを打つ前に、次のパットのことを考える。どこに外れてボールが止まるのか、次のパットがストレートの上りのラインになるか。よく見て考えてから打つこと。そうすれば3パットはグッと減ってくると思います。

――本当にそうですね。入れたい、寄せたいと欲張ってばかりいました。たとえ寄せられても難しいラインならば寄せる意味がないということですね。

倉本●これまで、ドライバーのティショットでもセカンドのアイアンショットでも、常に次のショットのことを考えて打ちましょうと言ってきましたよね。次がいかに打ちやすいところかを考えてと。それはパターでも当てはまるということなんです。

――はい、肝に銘じておきます。

傾斜のラインはカップの入り口を考える。その入り口から入るように打つ

倉本●さて3パットを撲滅させるには、グリーンの傾斜にも上手く対処しなければなりません。傾斜のラインでよくアマチュアの皆さんのパットを見ていて思うことは、切れる度合いを見るのが薄いということです。皆さんが2m切れると思うときはもっと切れることが多い。俗に言うアマチュアラインに外すということになりやすく、ずるずると下に流れてしまうパットにもなっていると思います。

――プロはプロラインに外れるといいますよね。

倉本●これはどうしてかというと、傾斜のラインでは、ボールがカップに入る入り口がプロラインのほうにあるからですね。例えばフックラインでもスライスラインでも、ボールが入る入り口は、ストレートラインのように打つほうから見て真ん前にあるわけではありません。フックラインならば右横に入り口があるわけですし、スライスラインならば左横に入り口があります。ですから、切れる度合いを多く見て、右横や左横から入れるように考えて打つわけです。結果、俗に言うプロラインに外れることも多くなるわけです。

――カップの入り口ですか。これも考えたことがなかったです。

倉本●まあ、アマチュアライン、プロラインなんて言葉はマスコミが生み出した言葉であって、私たちはそんなことを意識して打っているわけではありません。カップの入り口がどこにあるのか、それを考えて、そこから入るように打っているというだけなんですけどね。

――これまでフックラインやスライスラインのときに、横から入れるという意識を持ったことはありませんでした。

倉本●だから薄く狙って強く打って、大きく外して3パットしてしまうわけです。それと傾斜の曲がるラインのときに大切なことは、どこで曲がるかその頂点を探すということ。つまりブレークポイントですね。そして、そのブレークポイントに向かって打つということが大切なわけです。よく、ラインをイメージしたのに、そのラインに打てないという人がいますけど、それは曲がりの頂点を意識していないからだと思います。

――仮想のカップをイメージしてそこに打つ人も多いと思います。よく、キャディさんが、カップの左二つ分くらいを狙ってとかアドバイスしてくれますし。

倉本●それが結構まずい結果を生んでいると思います。つまり、カップの左二つ分といわれたときに、そこがブレークポイントと思ってしまって打つから、そこを通り越してそこから曲がっていくというオーバーのパットが多くなる。またそのカップの左二つ分に止まるパットを打つ人もいますよね。つまり仮想のカップに入れるように打ってしまう人というのが。仮想のカップを想定するのではなくて、ラインをイメージして、曲がる頂点を探して、そこに打つことです。

――なるほど、仮想のカップを考えたときにありがちなミスですね。

倉本●でもね、曲がる頂点をせっかく探したのに、その頂点にボールが止まるように打つ人もいるんですね。そこを通過して曲がってカップに届かなければいけないのに。こういうことも注意して欲しいですね。

――はい。

倉本●傾斜の曲がるラインの練習法としては、曲がるラインがイメージできたら、まずブレークポイントにティペッグを刺します。次にカップのボールが入る入り口に2本のティペッグを刺してゲートをつくります。こうしてゲートからボールが入るイメージを作ったら、ブレークポイントに向かってボールを打ち、実際にカップのゲートからボールが入るように打つわけです。この練習法は私もやっていますし、イメージが確実につかめます。こうすると、ブレークポイントに向かってフェースの向き、スタンスの向き、体の向き、視線の向きを正しくとれるようにもなります。つまりブレークポイントに向かって方向をとれるようになるということなんです。

――せっかく曲がる頂点がわかっても、体がカップに向いているなんてことが多いですからね。

倉本●そう、わかっているじゃないですか。傾斜の曲がるラインのときに、体や視線がカップに向いている人ってもの凄く多い。そもそも、フェースをカップに向けている人だって多いんです。フックラインでフェースがクローズになり、スライスラインではオープンになってミスをしている人って本当に多いと思います。

――どうしてもカップに意識がいっちゃうんですね。注意します。

インパクトでフェースがスクエア。これを確実にできるようにする

倉本●では30パットを切るために、7回のワンパットを達成する方法を考えましょう。これはショートパットは外さない。また、入れ頃外し頃の2m前後のパットを入れる方法を模索しなければなりません。これはどうするかといえば、パットの方向性の精度を高めるということになるでしょう。それにはまず、例えば真っ直ぐの2mをしっかりと入れられるというパット力が必要になりますね。

――パターヘッドを真っ直ぐ引いて真っ直ぐに出すというわけですね。

倉本●よくそう言いますが、私は違うと思います。まずはパターというクラブが、物理的に真っ直ぐに引いて真っ直ぐに出せるようにつくられていないと思います。というのはライ角があって、シャフト付いていて、両手で打つ以上は、真っ直ぐに引いて真っ直ぐに出すことはどう考えても無理でしょう。パットはあくまでスイングの小さいものなんです。だからスイングと同じでインサイドに引いて、スクエアに当たって、そしてインサイドに抜けていくものでしょう。そのことをまずは考えておくべきなんです。

――でもそれだと、真っ直ぐに打てないんじゃないんですか？

倉本●そんなことはないでしょう。ドライバーだって、アイアンだって真っ直ぐに打つことはできます。インパクトでフェースがスクエアに当たれば真っ直ぐに飛びます。それとパターも一緒。問題はまずはインパクトでスクエアに当たるかどうかなんです。で、それができれば、フェースがフラットでなく、球面だって、真っ直ぐに転がりますよ。やってみればわかります。

――なるほど。

倉本●パットがイン・トゥ・インのスイングであることは、30ｍの長いパットをすればわかりますよね。真っ直ぐに引いて真っ直ぐに出すことなんかできない。そんなことをしたら、凄いトップやダフリなどを招きます。でも50㎝のパットをするときはストロークがとても小さくなるから、真っ直ぐ引いて真っ直ぐ出すように見えるんです。敢えてそうした無理な動きをしようとはしないことですね。

――ストロークするときのヘッドの高さはどうですか？　低く引いて、低く出したほうが安定するように思うのですが……。

倉本●それも物理的には大きなストロークでは高く上がるだろうし、小さなストロークでは低くなる。基本的にスイングと変わりはないわけだから。でも意識としては低いほうが転がりのいいボールが打てる感じがしますよね。でも、あくまでまずはイメージやフィーリングの話をするのではなく、理論的に話がしたいし、理論的に考えるほうがいいと思います。

――科学が先にあって、そのあとでその人なりのイメージや感覚を持つというわけですね。

倉本●そう思います。で、実際、私はチャンピオンズツアーで好きなバンカーだけでなく、パットも好成績だった。パッティングがよくなったのは、実はフォローで高く上がっていた癖を低く出せるように練習したからだと思っています。こうしたことはやはり、基本ができてからの応用というか、自分なりの工夫が必要ということになりますね。

――なるほど、そこを勘違いしないほうがいいということですね。

倉本●そうしたことから言えば、真っ直ぐに引いて真っ直ぐに出すことも、実はイメージとしては持ってもいいと思うし、ショートパットでは特にそうだと思います。そのほうが入るかもしれません。ただ、私はそうしたことよりも、パッティングストロークは、体に支点をつくってそれをもとに機械のようにストロークすることを大事にしています。私の場合は、両肩と両肘と両手がつくる五角形をつくって、首の付け根を支点にしてその五角形を崩さないようにストロークしています。手首も固定して、ストロークの間中、五角形の下に真っ直ぐシャフトが来るように打っています。よくフォローで手首が折れる人がいますが、アプローチ同様そうしたことは起きません。

――バックスイングとフォロースルーの大きさに関してはどうでしょう。

倉本●私はバックスイングとフォロースルーは基本的に同じ大きさがいいと思っています。アマチュアはバックスイングが大きく、あっ、強いかなと思って、インパクトを緩めたり、フォローを小さくしてしまう人がいるけれど、そうしたパットは弱くなって、曲がりが必要以上に大きくなったりして、俗に言う打てないパットとなってミスパットとなります。逆に弱いかなと思って思わず強く打ってノー感じなオーバーをする人もいますよね。

——はい。よくやっちゃいますね。

倉本●ストロークの間、力は一定です。強めたり弱めたりは決してしてはいけません。グリップも強く握ったり、緩めたりということは絶対にしてはならない。ロングパットでもショートパットでも、下りのパットでも上りのパットでもそれは同じ。いつも同じ強さで打つこと。それが基本ですね。

——基本を練習しなければなりませんね。

倉本●その通り。何事もそうだけど、基本ができたら応用があります。実際のラウンドでは応用が必要になってくる。さっきのフォロースルーでもバックスイングと一緒の大きさにすると言いましたけど、実践ではフォローのほうを長く出すような気持ちがいいと思います。というのも本番では緊張してフォローの出ない人が多いですからね。

——なるほど。本当にそうですね。

倉本●これは心の問題ということも大きいんです。本当は打つ前にきちんと素振りをして、そのストロークと同じストロークをするように心掛けないといけない。本番のストロークを変えてしまうのは心の問題。気持ちをしっかりと強く持ってパットに臨まないといけないんです。

――絶対に入ると信じることですか？

倉本●そう。パターではそれがもっとも大切なことかもしれません。

パットにフォームなしと言われるが、基本をつくってから応用する

――基本のお話しが出ましたが、パターにおいての基本というものをもう一度教えていただけませんか？

倉本●90を切るレベルの人はすでにご存知かもしれないけれど、まずはボールは私の場合は左足のカカト延長線上。左目の真下にボールがある。ボールを左目で見るようにしているんです。それは右目で見ると顔が左に傾いてしまいやすい。体もオープンになりやすいからですね。またボールが目の真下にないと、カップの方向を錯覚して、ひっかけや押し出しのミスが出やすくなります。

——利き目の下にボールを置けという人もいますが……。

倉本●それでもいいと思います。ただし右目が利き目の人が右目の下に置いた結果、ボールが右足寄りになってしまい、スムーズなストロークができなくなってはいけないと思います。そのあたりを考えて構えることですね。

——体重のかけ方はどうでしょう。

倉本●私の場合は体重は左右の足に五分五分に置いています。これが基本だと思います。またストロークの間は足をまったく動かさないようにしています。膝や腰が動く人がいるけれど、それは絶対にやめること。どっしりと構えたら、最後までその姿勢をキープする。下半身が動いては芯で打つこともできなくなってしまいます。

——あと、パッティングのリズムとテンポはいかがでしょう?

倉本●ショットと一緒ですよね。リズムは2拍子が基本でしょう。テンポは自分の好きなテンポでいいと思います。それをどんなストロークでも変えないこと。ロングパットでもショートパットでも、下りのパットでも上りのパットでも変えないのが基本。ただ、さっきも言ったように何事も応用はあります。下りは遅くして、上りは速くするとか。でもまずは基本をしっかりとやれるようになってからですね。

——距離の違いは振り幅で変えるんですよね。

倉本●もちろん。リズムとテンポが一緒で、打つ強さを変えないとすれば、振り幅で距離を変えるしかないでしょう。それは一番最初に話した、距離感の練習でも基本ですよ。

——グリップの形はどうですか?

倉本●オーバーラッピングや逆オーバーラッピングなど様々なパッティンググリップがありますが、いろいろ試して自分に合うのを見つけたらいいと思います。私は逆オーバーラッピングにすることも多いです。方向性が出しやすいと思う。あとは姿勢ですが、私は屈まずに頭の位置を高く保って胸を張って打つほうが距離感をつかめると思っています。もちろんこれもジャック・ニクラウスのように屈んで入る人にはそれを否定はしません。五角形でもそうだけど、それが合わなければ、三角形でもいいし、青木プロのようにリストコックを使って打ったって構わない。パットにフォームなしと言われるように。ただ、パットも最初は基本をきちんとやっておきたい、基本というものを理解しておこうよということなんです。

――方向性を出すためにスパットを使いますか？

倉本●ボールの数cm前に目印をつくって、そこにフェースを合わせます。フェースをスクエアに合わせて、スクエアにインパクトするのが最大の基本ですかね。そのためにボールマークを利用したりといったこともしますよ。

――最後に何かもう一つアドバイスをお願いします。

倉本●そうですね。これも心の問題になるのかもしれないけれど、嫌なショートパットを外さないコツとしては、カップの向こう側に当てるつもりでしっかりと打つこと。そして、もし外れても次のパットは必ず入ると思って打つこと。というのも、２ｍのパットの確率は50％といわれています。だから、最初の２ｍのパットを外して再び２ｍが残っても、確率的には今度の２ｍは入るというわけでしょう。

――なるほど。打つ前から外れることなど考えず、自分の基本を守って、あとは信じて打つことですね。ありがとうございました。

第6章

90を切るアイアンショット

7割の力でコントロール
素振りのように打て！

フルショットとは目一杯の力のショットを言うのではない

――今回はアイアンショットについてお聞きしたいと思ってやってきました。倉本プロのアイアンショットを間近で見ますと、まずはそのカツッという乾いた鋭い音に驚いてしまいます。そしてそこから放たれるボールの勢いと飛距離。200ヤード以上をミドルアイアンで打ってしまう。

倉本●ボールとクラブヘッドの間に芝やら砂やら土やらというものが入らないようにソリッドに打っていますからね。そうでなければ、ピンをデッドに狙っていけない。

――僕たちはアイアンショットであんな凄い音は決して出ない。

倉本●打ち方やヘッドスピードが違うということもあるでしょう。

――ならば、いつかは倉本プロのようなアイアンショットを打ちたいと言っても決してできないと。

倉本●そんなことはないでしょう。でも、アイアンショットというものの考え方を間違えていては近づくことさえできない。

――考え方というと、どういったことでしょうか。

倉本●まずはアイアンで飛ばそうなどとは決して考えないこと。アイアンショットはグリーンを狙うショットでしょう。つまりドライバー以上にコントロールしなければならない。それなのに自分の最高飛距離を打とうとする。目一杯振ってひどいミスショットをする人をたくさん見てきました。

――ははは。そうですねえ。

倉本●例えばグリーンまで150ヤード残ったとしましょう。すると、自分が目一杯振ったときにその距離が出る、例えば7番アイアンを持つ人がもの凄く多いと思います。それでエイヤッと振ってひっかけたりする。

――始めから7番アイアンと決めてかかってます。

倉本●普段の練習から目一杯振っているからそうなるんです。ゴルフは飛距離を競うゲームではなくて、スコアを競うゲームでしょう。ならば、普段の練習からコントロールするアイアンショットを身につけなければいけない。目標にきちんと飛ぶスイングです。

――アイアンでも飛距離アップがしたかったのです。

倉本●それは目一杯振ることで達成できるものじゃないでしょう。ドライバーショットでも言いましたが、ドライバーでも飛ばそうとはしないことが逆に飛ばす秘訣です。バランスのよい滑らかなスイングでクラブヘッドの芯に当てること。そのための練習をする。アイアンショットでも同じです。

――でもアイアンでも飛距離が出れば、より短い番手で打てるので有利だと思うのです。

倉本●でも曲がれば元も子もないでしょう。アイアンはグリーンを狙うクラブ。ならば飛距離よりも方向性や距離感のほうが大切。ボールをコントロールできなければ意味がないわけです。ドライバーショットのときにも言いましたが、皆さんはフルショットというものがわかっていない。我々がフルショットというときは力任せに目一杯振ることを言っているわけではありません。スイングの大きさが、ボールをコントロールできる範囲で最大であるということです。つまり、スリークオータースイングやハーフスイングではないということ。力からすれば最大の7割くらいで振っています。それはドライバーだろうがアイアンだろうが同じです。

――フルスイングはフルパワースイングではないということですね。

倉本●その通り。ですから前にも言いましたが、7番アイアンでフルスイングでどれぐらい飛びますかと聞いたときに150ヤードと答えておきながら、では目一杯振ってどれぐらい飛びますかと聞いて、これまた150ヤードと答える人はスコアにすれば90を切れない人でしょうね。目一杯の飛距離が150ヤードで、フルスイングが135ヤードから140ヤードなどと答える人はなかなかの腕前と見たほうがいいですよ。

――自分の飛距離というものをもっともっと理解しなければいけませんね。ましてや見栄を張ったり、他人に負けたくないとかで最大飛距離や最大番手を言っても意味がない。

倉本●その通りでしょう。7割の力でのフルショットを身につける。バランスのよい滑らかなスイングでボールをコントロールして打つ。いつでも同じ弾道で同じところに打てるように練習することです。そして、本番のラウンドでもそうして練習してきたスイングで打つこと。周りの人が飛ばそうが何番を持とうが関係なく、自分のコントロールされたフルスイングの飛距離の番手で打つことです。

ボール位置は、素振りのスイングでクラブが地面に当たるところ

——心して練習します。さて、話の最初にアイアンショットでの音のことが出ましたが、これもアイアンショットでの考え方に関係しますか？

倉本●大いにありますね。アイアンショットはボールを上げにいくショットではないということです。ボールは打つ人が上げるのではなくて、クラブヘッドのロフトが上げてくれるのです。それを下からすくうように打ったりアッパーブローに打ったりする。それではダフッたりトップが出たりするはずです。もちろん音もボールを打つ音ではなくて地面を打つ音が先にくる。

——ドライバーと違ってボールが地面にあると、どうしても上げなくてはと思ってし

まうんですね。

倉本●棒切れでゴルフをしているわけではないわけです。クラブの先にはヘッドがあって、そこにはロフトがついている。それがボールを上げてくれるのだと信じて打つことです。私は信じ切って打っていますよ。

——上げようとせずに、逆に打ち込むように打つってことですね。

倉本●それがダウンブローですね。アイアンはダウンブローに打てというのはそういうことです。

——クラブヘッドをインパクトに向けて低く出していけば逆にロフトが使えてというか、ロフトがボールを上げてくれるわけですね。

倉本●本当はそんなことも考えないほうがいいんです。いつもの普通のスイングをすればいい。いつもの普通のスイングでボールを打つ。そうすれば自然とダウンブローになるんです。ボールが地面にあるわけですから。

——よくドライバーはアッパーブローに、アイアンはダウンブローに打てといいますが、どうなんでしょう。

倉本●そんなことはないでしょう。スイングはどんなクラブを持っても同じです。ドライバーはティアップをしていて、アイアンは地面にボールがあるからそう見えるだけです。いつでも同じスイングをすること。ドライバーだからアイアンだからなんて言っていると、14本すべてのクラブを違う打ち方にしなければならない。そんなことをしていたら頭が混乱しますよ。

——ドライバーよりもアイアンは小さく振るべきだという人がいるのですが。

倉本●そんなことを言うのは誰ですか？　シャフトの長さが違うので、ドライバーが大きく振っているように見えて、アイアンが小さく振っているように見えるだけでしょう。少なくとも私はドライバーだから、アイアンだからといって振り幅を変えていませんよ。

——テンポやリズムも一緒ですか？

倉本●当然です。前にも話しましたが、私は、「イチ、ニ」の2拍子のリズムで比較的速いテンポで打ちます。ドライバーでもアイアンでも同じテンポとリズムで打ちますよ。変えてはいけない。

——セットアップも同じですか？

倉本●同じですね。私はドライバーもアイアンも同じように左股関節の前にボールを

置いています。それは右足から左足に体重が動くとともに軸が動く2軸打法になっているからです。日本人は外国人に比べて背が低いし、足も手も短いので、左股関節の前でボールをとらえる2軸打法がいいと思っています。となればアイアンだからといってボールを真ん中に置くよりも左股関節の前のほうがボールをとらえやすく、よりターゲットに向けて振りやすい。スイングも一つでいいわけです。

――僕はドライバーは左足かかと線上、アイアンは体の真ん中に置いています。

倉本●ボール位置によってスイングが決まるのではなくて、スイングによってボール位置が決まるというのが当然の成り立ちですよね。それが逆になっている人が多い。それでは本末転倒でしょう。まずはスイングありき。先ほど、バランスのよい、流れるようなスムーズなスイングでボールを打つよう練習してくださいと言いましたが、そういったスイングとはどんなものでしょう。

――……。

倉本●それは素振りのスイングでしょう。敢えて言えば、クラブを持たずに両手でグリップだけをつくって素振りをしたときのスイングです。そのスイングはあなたにとって一つしかないでしょう。ドライバーもアイアンも関係ない。どんなクラブでも同じスイングでしょう。で、そのスイングの最下点にボールがあればいいわけです。これを素振りで探してみてください。

——で、それは2軸打法の場合、左股関節の前になるというわけですね。

倉本●あくまで基本ですよ。応用はどんなものにでもありますし、それはその日のコンディションやそのときの状況によっても変わります。でも私が言いたいのは、ドライバーだから、アイアンだからといって、打ち方まで変えるというのはおかしいということです。

ショットに自信がなくなったら素振りのスイングを信じて打つ

——しかし、実際にコースに出ると、ドライバーショットはいいのに、アイアンショットは悪いということがありますよね。その逆のこともありますが。

倉本●よく聞きますね。

――例えばゴルフを始めたときから一番練習してきた7番アイアンでさえ、ひどいトップやダフリが出てしまう。そんなときには頭の中がパニックになってしまうでしょう。

倉本●それが何回も続いて、次のラウンドも、そしてまた次のラウンドも同じミスが出たりするとなおさらでしょう。

――アイアンで球を打つのが怖くなってしまうわけです。

倉本●致命傷になってしまったわけですね。ゴルフはね、病気と一緒。悪くなり始めたときに治してしてしまうことが肝心なんです。風邪だってひき始めに薬を飲んで用心すればこじらすこともないでしょ。それと同じ。悪くなり始めたら練習場で基礎練習をする。それが大切なんです。

――基礎練習というと、どんなことをしたらいいでしょう。

倉本●まずはグリップとアドレスを再点検する。そして先ほども言ったように素振りのスイングを心掛ける。ボールを打つのではなくて、素振りの途中にボールがたまたまあって打つといった感じでスイングすることです。

――バランスよく、スムーズに打つことを心がけると。

倉本●そう。だからこのときはボールがどれくらい飛ぶとか、どこに飛んでいるとかはチェックしない。常に同じ自分のリズムとテンポを心掛けて、しっかりと体を回してバックスイングしたら、ボールを打つというよりも振り抜いていく。フィニッシュまで滑らかに振り抜いていくことです。こうしてボールが気持ちよく打てるように練習することです。

――でも、打つのが怖くなってしまうほどの致命傷にまで陥ったらどうしたらいいでしょう。

倉本●本当の病気を考えてみればいいですね。病気が重くなったらどうしますか？　しっかりと療養してリハビリしますよね。つまりラウンドするのは止めて、素振りから始めます。先ほども言いましたが、バランスよくスムーズに振れるようにします。それができてからボールを打ちますが、結果は考えない。素振りのスイングでボールを打ちます。こうしたリハビリをして、自信が持てるようになってから再びラウンドすることです。

――なるほど。でもそのラウンドが怖いですね。当たらなかったどうしようと。

倉本●素振りのスイングをするんだということに集中することです。ボールが当たるだろうか、または必ず当てようなどとは思わない。スイングのことだけを考える。目標を決めたら、強い意志を持ってスイングを行う。フィニッシュまで振り切ること。で、ボールに関しては、当たろうが当たるまいが気にしない。悩まないし、考え込まない。ずっと素振りのスイングをし続ける。当たるはずだと信じ切ることです。

——ポジティブシンキングですね。

倉本●つい数ヶ月前までは80台で回っていたのに、突然当たらなくなって、自分のスイングが壊れてしまうということは、アベレージゴルファーなら誰にでもあることだと思います。でもこれって、この間までゴルフが上手くできていたのですから、心の問題ですね。

——ボールが当たるか、本当に不安ですね。

倉本●それは私たちプロでも不安なショットというものはあります。常にあるといってもいい。でも必ず上手くいくと思って強い気持ちを持って打ちます。練習場で上手く打てているのであれば、必ずできると思って打つことですね。

——でも、練習場はたくさんのボールが打てますが、本番のラウンドは打ち直しがきかないじゃないですか。

倉本●だから、パーフェクトは望まないことです。そもそもプロのように毎日ボールを打っていないのですから、芯に当たると考えているほうがおかしいでしょう。それがゴルフを始めたときから練習してきた7番アイアンでもです。

――ひどい当たりが出たらどうしましょう。

倉本●それは私にだってあります。ひどいフックが出たり、OBを打ったりする。でもこれはたまたま出たと思って、次のショットは前のミスのことは頭から忘れて、いつものように構えていつものように打つ。そうすれば同じミスは2度続かないものです。で、もし続いたら、練習場に行ってから直す。ラウンド中にミスを考えて直そうなどとは決して思わないことです。それがますますミスを招き、致命傷にまでなってしまうのです。

倉本●そもそも皆さんはアマチュアです。それもアベレージゴルファーでしょう。そんな人がプロのようなショットを望むからひどい病気になってしまうんです。それは土も肥料もいじったことのない人がガーデニングをしようとして、いきなりバラをきれいに咲かせたいと考えて枯らせてしまうようなものです。練習もしていないのにい

いショットを打ちたいと考えるからおかしくなるわけです。自分のレベルにあったゴルフをして、ゴルフを組み立てていくことです。

ちょっと上手い人に聞くのは危険。天動説を信じている人に聞くようなもの

――ゆっくりとリハビリに励むことなく、いきなり直したいと思うこともいけないのですね。

倉本●それで、藁をもつかむ思いで、周りの人に聞いたりするでしょう。これが危ない。やっと車の運転ができるような人に聞くようなものです。ますます泥沼にはまります。だから、先ほどのようにドライバーとアイアンは違うスイングだなどと言われたりして、ますますひどいスイングになるわけです。そんな人は私から言わせれば、地動説ではなくて天動説を信じているような人です。事の表面しか見ておらず、真実がわからない人ですね。天動説の人にものを聞くから、ひどい目に遭うんです。

——地球ではなく、太陽が回っていると思っている人には話を聞くなということですね。

倉本●そう。とにかくは、素振りをして、自分のスイングを思い出して、そのスイングをすることでボールを打つ感覚を思い出すことです。ボールが当たらなくなると、当てることだけにこだわってしまう。これがスイングというものを忘れさせて、ひどいスイングにして、ますます当たらなくなることになってしまうのです。

——本当にそうですね。

倉本●ドライバーが当たって、アイアンが当たらないということは本来はないんです。それは心の問題。何回かアイアンが当たらないだけで、すべてがおかしいとか、アイアンだけおかしいとかは考えないことです。先ほどから言っているようにスイングは一つ。ドライバーが当たっているのであれば、アイアンも当たるはずです。アイアンだけ違う打ち方にしようとするからますます当たらなくなる。ドライバーのスイングでアイアンもスイングする。ボールを上げよう、飛ばそう、グリーンに乗せようなどとは考えない。スイングだけを考えて打つことです。

――ピンが見えてしまったりするから、アイアンが上手くいかなくなったりするんでしょうか。

倉本●ドライバーはピンを意識しないから上手く打てるということはあるでしょうね。２打目、３打目となるに従って、ターゲットが絞られてプレッシャーがかかるということもあるでしょう。目標ばかりが気になってスイングを忘れるということも多いのではないでしょうか。で、そのときに起きたミスを考えすぎて、スイングを壊していくということもあるでしょうね。

――グリーンを狙うアイアンショットは、少しのミスでもバンカーに入ったり、深いラフに入ったりと大きなミスになってしまうことがあります。

倉本●グリーンの手前が池だと必ず入れる人もいますね。でもそれもすべて心の問題でしょう。素振りのスイングを心掛けて、結果は気にしない。結果を怖れずにスイングに集中して振り切ること。ハザードがあったりとかプレッシャーがかかれば、ネガティブになるのは人間の本質でしょう。でもそれは先ほども言ったようにプロでも一緒なのです。怖いからこそ、絶対に自分のスイングをし終えるという強い意志を持つことですね。

――それができないときは……。

倉本●自信の持てるクラブで打つことでしょう。7番で打つところも9番であれば上手く打てると思えるのであれば、9番を使えばいいじゃないですか。こうしてリスクを回避してゴルフを組み立てていく。こういうことが大切なんです。

ミスが起きないようにミスの起きにくいクラブで打つ

――自分がどんなミスをするかということを想定してラウンドすることも大切ですよね。

倉本●もちろん。想定外のことが起きればパニックになるのが人間ですからね。でもミスが予測できてそのミスを起こすよりも、そのミスが起きないようにしていくことが大切でしょう。ミスが起きて、やっぱり起きると思ったというのでは何にもならない。ですから例えばグリーンを狙う場合に、前足下がりで左足下がりなんていう難しいライのときはミドルアイアンなどは使わずに、上手く打てると思えるショートアイアンに持ち替えるなどということは必要で、これがスコアをつくっていくということになるわけですし、大叩きをせずに、ゴルフを組み立てるということになるわけです。

——でも危険を避けすぎたり、安全を考えすぎて、つまり保険をかけすぎて、ボギーであがれるところをダボにするということもあると思うんです。

倉本●だから、自分のレベルに合ったゴルフで、ゴルフを組み立てていくということが大切なのです。前足上がりのライでフックが出そうなときに、グリーン左サイドが池だったという場合。右方向を狙うか、池まで届かないクラブを使うか。これはプレーする人のレベルによって変わるでしょう。でも、90を切るボギー狙いならば池まで届かないクラブを使うほうが懸命だと思いますね。それも次のアプローチが上手く打てるところに運ぶことが前提ですし、そのショットをミスしない練習をしておくことも必要でしょう。

——グリーンには手前手前から攻めるというフロントセオリーというものがありますよね。

倉本●グリーンは受けている場合のほうが多いし、花道がある場合も多いので、そのほうがたとえグリーンに乗らなくても寄せやすいということがありますからね。でも手前が池だったり、花道がなかったり、ピンが奥だった場合はどうしますか。

――フロントセオリーでダボを打ったりしますね。

倉本●そういうこともあるでしょう。私たちはグリーンを狙う場合、最低でもピンまでの距離、フロントエッジまでの距離、バックエッジまでの距離をきちんと把握します。こうしてグリーンオーバーしないクラブ、フロントエッジに届くクラブなどを把握するわけです。ピンが奥にあった場合は目一杯打ってもグリーンをオーバーしないアイアンで打つわけです。

――バックセオリーですね。

倉本●でも一番はセンターセオリーでしょう。ボギーであがるのであれば、とにかくグリーンのセンターを狙う。そうすればピンが手前だろうが奥だろうが、右だろうが左だろうが、もっともグリーンオンできやすく、最もピンに近いというわけです。これは私たちプロでもグリーンが難しい場合やハザードに囲まれている場合などは、もっともパーが取れる確率が高いので、そうします。バーディを狙わない場合の鉄則ですね。

——ボギー狙いの90を切るゴルフであれば、センターセオリーでまずいいと。

倉本●ボギーオンのセンター狙い。これを基本にゴルフを組み立てていく。自分のレベルにあったゴルフで組み立てる。そうすればナイスショットがなくても芯にボールが当たらなくても90を切れると思いますよ。

——ならばショットが悪いとくよくよ悩むこともない。

倉本●まだわかってないなあ。皆さんの場合はショットが悪くて当たり前と思うことです。そうしないとまた病気になってそれが致命傷になってしまいますよ。

第7章 90を切るグリップとアドレス

自分の理想のスイングとなる
セットアップにせよ！

グリップもまずは基本を学び自分なりにアレンジしていく

――今回はゴルフの基本の基本ともいうべき、グリップとアドレスについて、詳しくお伺いしたいと思います。このことは、以前から一度きちんとお聞きしたいと思っていたことなのですが、目先の「90切り」や、「飛ばし」などをまずは何とかしたいということがあって、これまでなかなか伺うことができずにおりました。

倉本●逆に言えば、グリップとアドレスを疎かにしているから、「90切り」も「飛ばし」も成し得てこれなかったとも言えますね。

――まったく耳が痛いというか、頭も心も痛いというか。しかし、グリップとアドレスは大切だと言ってもどんなふうに大切なのでしょう。倉本さんはこの基本の基本に関しても、自分の好きなようにすればいいじゃないかと言ってこられたように思うのですが。

倉本●私が言う「好きなように」という本意がわからなければ、大変な間違いを犯してしまうでしょうね。

――では、その本意とはいかなるものですか？

倉本●「好きにやる」というのは、何でもかんでも「お好きに」ではないですよね。始めっから好きに握ってクラブを振りなさいということでもない。もちろん、上達を望んでいなかったり、ナイスショットなんか打てなくたっていいというのであれば勝手にしなさいというわけだけど、大抵は上手く打てなければゴルフは楽しくないでしょう。ならば、まずは基本を知って、それができてみて、それから「あなたの好きなようにアレンジしてください」ということになるわけです。

――ではでは、倉本さんが思う基本とはいかなるものでしょうか？

倉本●まずはグリップ。私は10歳のときに初めてゴルフを福井康雄先生から習いましたが、このときにベン・ホーガンの『モダンゴルフ』に書かれているグリップを教わりました。

――福井康雄先生といえば、倉本プロを始め一流のプロを育てただけでなく、30万人ものアマチュアを教えて多くのシングルプレーヤーを輩出させたというレッスンの神様のような方ですよね。もう15年以上も前にお亡くなりになっていますが、今も尚、福井先生の教えの信奉者が後を絶たないと聞いています。

倉本●ゴルフをごくごくシンプルに教えてくださった先生ですね。生徒が迷うようなことは一切おっしゃらない。ゴルフを複雑なものにせず、単純なものとしてとらえさせてくださいました。

――その福井先生が、10歳の倉本少年にベン・ホーガンのグリップを教えたのですか？

倉本●10歳の自分には、それがベン・ホーガンとは知らなかったわけですけれどね。先生に言われるままにグリップをつくってクラブを握ったわけです。

――ベン・ホーガンのグリップは、ホーガンがフックに悩んだ末に完成したグリップといわれていて、ウィーク気味というのが今では定説になっていますが、10歳の倉本少年はそれで上手く振れたのでしょうか？

倉本●まずはベン・ホーガンのグリップがウィークとは私は思っていません。それに大体、10歳の子供にとってはウィークかストロングかということすらわからないし、わからなくてもいいでしょう。どんなグリップだと上手く打てるかなんてことを考えるのは大人になった人がいろいろと情報を知って思うことであって、子供にはまったく関係ない。教えられたグリップでただクラブを振るだけ。それで別に何の問題もなかったし、上手にボールを打てるようになりました。

――なるほど。その通りですよね。質問が愚かでした。ではでは、その少年時代のグリップと今のグリップは同じですか？

倉本●違いますね。ベン・ホーガンのグリップと私のグリップは明らかに違うでしょう。

――少しストロング気味でしょうか？

倉本●そうかもしれないけれど、それだけじゃない。いろんな部分で違うと思います。でもそもそも私は自分のグリップをウィークだとか、スクエアだとか、ストロングだとか考えてクラブを握ったことはないし、自分のグリップを分類する気もありません。そんなことをしてもまったく意味がないですから。自分のグリップはあくまで自分だけのもので、それがいいからそういうグリップになっているわけです。

――ではいつ頃、今のグリップになったんですか？

倉本●いつ頃ということはないです。というのも、大人になるに従って、いろいろなことを知るようになって、それらを試して自分により合うグリップというものを追求してきましたので。だから徐々に変わっていったと思いますし、それは今でも同様ですし、これからもそうだと思います。

——具体的にはどんなことを試してきたのですか?

倉本●インターロッキングにしたり、オーバーラッピングでも指のかけ方を変えてみたり。ロングサムにしてみたり、ショートサムにしてみたり、ミドルサムにしてみたらどうだろうとか、自分のスイングや打ち方にあったグリップをいろいろと試してきて、そのときに合ったグリップでプレーしてきたわけです。ですから今のグリップは今の自分に合っているわけですが、それはおそらく永遠に確立はされないと思います。

クラブを短く握り、両手を詰めて自分の思う軌道通りに振る

——ではクラブを長く握るか、短く握るかということなのですが、倉本プロはグリッ

プエンドを随分と余していると思います。グリップエンドがグリップから大きくはみ出していますよね。

倉本●そうだと思うけど、私は別に短く握っているとは思っていません。自分にとってはこれが普通ですね。

――小さな頃から今と同じように握っていたのですか？

倉本●もっと短く握っていたと思います。力がなかったし、今のように子供用のクラブなんてなかったわけですし。クラブを思い通りに振るには長く持ってはできなかったですからね。

――つまりコントロールするには短く握ったほうがよいと。

倉本●自分の思う軌道通りに振るにはクラブを短く握ったほうがいいでしょう。いつも同じに正確に振るには。長く持てば、それだけヘッドは動きやすくなって、その分、ブレるでしょう。クルマのハンドルの「遊び」のように、ヘッドの「遊び」が出てしまう。だから飛ばすにはいいかもしれないけれど、正確には当たりにくくなります。

――となれば、実際はヘッドの芯でボールがとらえられなくなるので、結局はコンスタントには飛ばなくなってしまいますよね。

倉本●たまたま一発、凄く飛ぶボールが出ることはあるかもしれませんが。

――倉本プロは手やクラブだけが勝手に動いていくというよりも、体と腕とシャフトとクラブヘッドが一体となって動くというイメージでスイングしたいわけですよね。それには、クラブを短く持ったほうがいいと。

倉本●それは個々人の目的によっても違うだろうけど、ヘッドの芯でボールをとらえることが目的であるならば、私のやり方は悪くないと思います。で、このことは、両手を詰めてグリップをするか、離してグリップをしたいかということにも関連があります。

――と言いますと。

倉本●例えば、右手と左手を離したスプリットハンドで打ってみるとよくわかります。スプリットハンドにしたら、バックスイングで肘を早くたたまなければならなくなり、ダウンスイングからインパクトにかけてはその肘を早く戻す必要が出て、フォロー、フィニッシュにかけては再び肘を早くたたまなければならなくなります。

――確かにそうですね。

倉本●そこからわかることは、肘を使ったスイングをしたい人は、両手を詰めたグリップにしないほうがよいということです。言い換えれば、腕を使いたい人ですね。その逆に腕や肘を使わないスイングをしたいのであれば、両手を詰めて握ることです。これはつまりハンマー投げの要領ということになります。ハンマー投げは、腕を縮めて肘を使って投げようとしても、鎖の先の鉄の球はピクリとも動かない。腕を伸ばして肘を使わずに体を回転させるからこそ、遠心力に引っ張られて、鎖が伸びてハンマーがぐるぐると回るのです。

――倉本プロはそうしたスイングを目指しているわけですね。

倉本●遠心力を利用するには、腕を伸ばしてハンマー投げに近いスイングをすることなんです。手を器用に使いたい人ではなく、体の回転で打ちたい人は両手を詰めて一体化するほうがいいでしょう。

――そのほうがヘッドも走ることになりますね。

倉本●もちろんです。しかしこれを行うには体の幹がしっかりしていなければならない。背筋と腹筋を鍛えて幹の力を養うことです。

――ということは……。

倉本●一般のアマチュアには難しいということになります。腕を縮めて肘を使うスイングのほうがやさしいわけです。それも両手を離したスプリット気味のグリップにしたほうが上手く打てるということになります。

——なるほど。

倉本●そして、スプリットハンド気味にすると、クラブは長く持ったほうが手首や肘が使いやすいので、グリップエンドを手の中に包むように入れてしまうことになりやすいのです。しかしこれはせっかく打ちやすい握りにしながら、コントロールをしにくくしてしまうわけです。飛ばしたい欲望が出て、コントロール性は益々乱れます。

——わざわざ矛盾させてしまうわけですね。

倉本●そうです。だから、逆にグリップエンドは余すようにクラブを短く握って、両手は詰める。私がやっている方法がお薦めであると思うわけです。

ロングサムではなくショートサムで手のひらに対してクラブを斜めに握る

——ではでは、クラブは斜めに握ったほうがよいということに話を移したいと思います。倉本プロは、手のひらに対してクラブを直角に握るのではなく、斜めに握ったほうがしっかりと握れると言ってますよね。

倉本●そんなことは言ってないです。しっかりと握れるのではなくて、スイングという強い遠心力に引っ張られる力に対してクラブを支えやすいと言っています。

——それはしっかりということではないのですか？

倉本●「しっかり」と言うと、強く握ることをイメージしませんか？　斜めに握ると強く握れると言っているように私には思えるのです。あくまでグリップは強く握ってはいけない。力を入れてはいけません。柔らかく握っていてもクラブを操作できなければならない。それには斜めに握ったほうがいいと思うのです。

うわけですね。

――手のひらに対して直角に握ると、クラブはどのような軌道にもいってしまうとい

倉本●つまり、それは簡単にいえば野球のグリップなんです。バットは太いこともありますし、直角に握ります。でもこれだと、飛ばすにはいいのですが、どこに打つといった狙い打ちはしにくい。それはゴルフでも同じなんです。

――だからこそ斜めに握れというわけですね。しかしそれはフィンガーに握るということにもなりますか？

倉本●それは違うでしょう。指だけで握れば、斜めには握れず、直角になるでしょう。人差し指の付け根から手のひらを斜めにグリップを置いてみればわかりやすい。それで握ってみればパームグリップでしょう。

――確かにそうですね。

倉本●それよりフィンガーかパームかというよりも、親指が長くなるロングサムになるか、親指が短くなるショートサムになるかに注意を払ったほうがわかりやすい。ロングサムになっていれば、それは直角に握っていることになります。ショートサムになっていれば、それは斜めに握っている証なのです。

――なるほど、逆に言えば、直角に握ればロングサムにならざるをえなく、斜めに握っていればショートサムにならざるをえないということですね。

倉本●そうとしか握れませんからね。

――でも倉本プロは最終的にはどちらにしたほうがいいとは言わないですね。

倉本●それはそうです。ゴルファーは皆、目的がいろいろと違うでしょ。スコアなんてどうでもいいから飛ばしたいという人はロングサムでいいわけですし、グリップエンドも手のひらの中にスッポリと入れていいわけでしょう。でも90を切りたい、80を切りたいというのであれば、コントロール性を高めたほうがいい。ならばショートサムにしてグリップエンドを余して握ったほうがよいということになります。人それぞれですね。それをこれしかないというようなことを言って、それ以外を全面否定するのはおかしい。否定すること自体、間違いでしょう。

――ゴルフをしている人の全員が、上達を望んでいるとは限りませんよね。ゴルフの愉しみ方は本当に人それぞれだと思います。

倉本●その中で、常にクラブヘッドの芯でボールをとらえたい人。クラブも打球もコントロールしたい人。そういう人にとって、私が言っているグリップは、そうした目的に対して効率がいいですよ、というわけです。

グリップの強さは右手左手とも同じで、強く握らず、柔らかく握る

――ではでは、左右の手の力配分についてお聞きしたいのですが。

倉本●力配分ねえ。基本的には右手、左手とも同じ強さでしょう。そうでなければおかしい。両手が一体となっているからクラブをスムーズに振れるわけでしょう。何でそんなことを聞くのかなあ？

――それはよく、ゴルフは左手主体のほうがいいスイングになるのだから、グリップも左手をしっかりしたほうがよいということを言う人がいるのだと思います。我々アベレージゴルファーは右手を使いすぎるからひどいショットになってしまうと言われれば、そうだなあと思います。その矯正法として言っているのだと思うのですが。

倉本●右手と左手はある程度同じ力で動いてくれないと、ボールに当たらないと私は思います。だから左手を右手より強く握るのはよくないと思うし、強い右手と同じにするために左手を強く握れというのであれば、両手とも力が入ってそれもよくないと思います。大体、左手に力を入れて、右手は抜く。そんな難しいこと、スイング中にやれって言ったってできないでしょう。私にはできません。

——左右一緒がいいですか？

倉本●そうでしょう。左手を意識して右手を無視することなんてことできません。それでなくとも左手は不器用なんですから。左手をしっかりではなく、左手はそのままにして、器用な右手の力を抜いて左右均等にせよというのならわかりますけど。

——なるほど。

倉本●大事なのは、利き手の右手なら器用ですからね。左手と右手の力加減は均等にして、その力は入れないこと。柔らかく握ることです。

——どちらかを意識をすること自体がつまらないことかもしれませんね。

倉本●そう。だからスイングも左手リードではないと思います。スイングも両手一緒です。どちらか一方に意識をするなんておかしい。両手一緒の意識じゃないとバランスよく振れないでしょう。プロのスイングを写真やビデオで見ると、左手主体に見えるのかもしれないけれど、私はそんなこと思ってみたこともありません。両手は一体ですね。

右手と左手のV字はどこを向くかより、両方のV字の方向が揃っていること

——ではグリップの形についてはどうですか？　右手の人差し指と親指はピストルの引き金を引くような形にせよと言われますが。

倉本●親指と人差し指は締まっていたほうがいいよね。締まっているけど、力は入っていない。そこが肝心です。で、ここが緩いとスイング中に力が入ってきつくなるわけです。それはいけない。先ほどの左手をきつく、右手を緩くという変なレッスンと同じですね。右手の力を抜くと、スイング中にその右手に力が入って益々ミスがひどくなる。そういうことが起きやすいんです。

——確かに力というのは思っている通りに最後までいかないですね。

倉本●それとロングサムにしているとグリップの形は悪くなります。そのグリップで親指を乗せずに丸く握れば、それこそ野球のバット握りになってしまう。やはりショートサムにして斜めに握れば、グリップの形も自然とよくなりますね。

——親指と人差し指のV字についてはどうでしょう?

倉本●これに関しては、ウィークがいいとかストロングがいいとかということは私は言いません。大事なのは左手と右手のV字の方向が揃っているということです。というのも左手がストロングで右手がウィークでは、腕が絞られてしまって肘が動かなくなってしまうでしょう。またその逆に左手がウィークで右手がストロングの人は肘が下を向いて、方向性はいいかもしれないけれどパワーが伝わらないでしょう。パッティングのグリップと同じですから。

——左手がストロングなら右手もストロングということですね。倉本プロは今、V字がやや右肩を向いたストロングのように見えますが。

倉本●徐々にそうなってきただけで、意識してそうしているわけではありません。今はそれが私にマッチしていて振りやすいからそうしている。でも、両手ともV字は揃っていると思います。だから自分が思うようにクラブをコントロールできる。

――チタンの大型ヘッドになってきてから、よりストロンググリップがいいと言われていますが、それに関してはどう思われますか?

倉本●ヘッドが大きくなって重心距離が長くなったために、インパクトへのヘッドの戻りが遅くなっているから、振り遅れないようにストロンググリップのほうがよいというだけのことでしょう。振り遅れないように振れるのであればグリップを変える必要なんてないでしょう。しかし大体において、クラブを主体にして話をしているのがおかしいんです。あなたのグリップであなたのいいスイングで、上手く打てるクラブを探すべきでしょう。

――なるほど、そうですね。しかし自分のグリップというものを一度見直したほうがいいのでしょうか?

倉本●そうですね。しかし、90を切るレベルであれば、グリップを直すことよりも、どのようにコースを攻略するかといった、これまでに私が言ってきたことをまずやれるようになることが大事でしょう。それで、もうここまでが限界となって、さらにステップアップしたいのであれば、グリップを見直してもいいと思います。グリップを直すというのは、すべてを直すことになりますから、慎重にすべきでしょうね。

背中を伸ばして前傾角度をつくりその角度を保ったままスイングする

――ではでは、ようやくアドレスに話を移したいと思います。これもまた、見直すのは慎重にすべきでしょうか？

倉本●グリップと同じですね。アドレスを変えたら、必ず違和感が生じて上手く打てなくなるに違いありません。それもほんの少しいじっただけでもそうなるでしょう。

――確かに少し直したために ひどい目に遭ったことがあります。まるでボールに当たらなくなって、初心者のようになってしまいました。

倉本●しかし、ステップアップするには、もう一度見直すことも必要なんですね。

——で、お尋ねしたいのですが、倉本プロがアドレスで注意していることはどんなことでしょうか？

倉本●体の方向ですね。肩、腰、膝、つま先のラインが同じ方向に向いているかということです。目線もですね。

——それは目標に対してスクエアということですか？

倉本●基本はそうです。まずはそれがきちんと正しくできること。それから、自分なりにアレンジして、より思うようなショットが打てるようにしていきます。ですから、私のアドレスは完全なスクエアではもちろんありません。でもすべてを同じ向きになっているように心掛けています。それが自分の体で方向を取る指標ですから。

——肩だけが違う方向を向いているほうがいいとか、スタンスの方向だけが違う方向を向いているほうが自分にはやりやすい場合はどうでしょうか？

倉本●ある一部分だけ違うというのは、どれぐらい違えればいいのかという点で、毎回同じにするのが難しくなりませんか？　複雑になるだけでしょう。すべてをある向きに揃えるほうがずっとシンプルでやりやすいと思います。

——その通りですね。ではアドレスのスパインアングル、いわゆる飛球線後方から見た背中の前傾角度についてはどうでしょうか。倉本さんはそこにもこだわりがあるように思いますが。

倉本●それは違いますね。私は前傾角度にこだわっているわけではありません。前傾の角度を何度にするかということよりも、背筋を伸ばすことのほうが大切だと思っています。背中が丸まっていたら、前傾角度、つまり、スパインアングルをつくることはできませんよね。そして、この前傾角度がつくられていなければ、スイングをその角度に保つことができない。逆に言えば、その角度を保ってスイングすることが大切なわけです。それがスイング軌道を安定させるのですから。

――自分の場合、背筋を伸ばそうとすると、上半身がどうしても硬直してしまうんです。でもアドレスではリラックスせよとも言うでしょう。リラックスすると今度は背中が丸くなってしまうんです。

倉本●それはそうでしょう。言われたことがすぐにできると思ってはいけません。そうしたことは日常の生活にはないことなのですから、簡単にできるわけがないでしょう。一見簡単にできそうなことを言われているような気がするかもしれないけれど、難しいことなんです。

――倉本プロのアドレスは、背中が真っ直ぐで、ぴしっとしているのに、余計な力が入っていない。そんなふうにできたらと思うのですが、まったくできません。

倉本●普段から訓練するしかないですね。例えば、普段から椅子に深く腰掛けて、背中を伸ばしておくとか。それでリラックスするよう心掛けるとか。そういうことを毎日の生活に取り込んでやっておかなくては、いざゴルフでやろうといってもできるはずがありません。私たちはそういうこともしてきたわけです。

――そうなんですか。頑張ります。お尻の突き出し方についてはどう思われますか？よく高い椅子に腰掛けるような形がよいといわれますよね。

倉本●背中を真っ直ぐにするために骨盤の向け方があるわけで、それ自体の形にとらわれないことだと思います。骨盤を上に向けるのはいいけど、やりすぎると背骨と腰骨に負荷がかかって背中が真っ直ぐになっても腰を痛めることにもなるし、余計な力が入りすぎて体の回転がしづらくなるでしょう。でも骨盤が下を向けば背中も丸くなりやすい。そのあたりの加減が大事なんです。背中が真っ直ぐになって、しかも腰の負担がかからない姿勢にすることです。

――膝はどうですか？

倉本●膝は基本的に緩めることです。曲げるのではなく緩める。動きやすくするために緩めること。つまり逆に言えば動きにくくなるような膝の硬直はなくすべきだということですね。

体の縦のラインと横のライン、その二つのラインをチェックする

――足の開きに関してはどうでしょう。倉本プロは右足も左足もややハの字に開いていますよね。若い頃は右足はスクエアで左足は開いていたのではないですか？

倉本●基本的には右足はスクエアに近い形です。つまり100％直角ではないということ。若干開いていていいですね。左足は力を逃がすわけでから開いていていいです。

――右足は何故にあまり開かないほうがいいんでしょう？

倉本●右足はバックスイングで力を溜める元になります。そのときに足が開いていると、力が狙っている方向と違う方向に溜まってしまうのです。斜めに力がいってしまう。ボールの方向に行かないわけです。

――力のベクトルが正しい方向にいかないわけですね。なるほど、足の向き一つでもナイスショットにつながる大切なことがあるということですね。ところで、背中の前傾角度について、先ほど背筋は真っ直ぐに伸びていなければならないと言われましたが、アドレスを正面から見たときの体の方向はどうでしょう。左右に傾いている人も見かけますが、地面に対して真っ直ぐなほうがいいでしょうか?

倉本●いい質問ですね。体が左右に傾いていてはいけません。体の中心軸は真っ直ぐにしなければならないのです。そうでないと、スイングプレーンが狂ってしまいます。私はアドレスでは体のラインの縦と横が狂っていないかをチェックします。縦は今話したアドレスを正面から見て、体の中心軸が地面に直角であることです。つまり地面に対して体が真っ直ぐに立つようにしてします。横は最初に言った、狙うべき方向に体のすべてが同じ方向を向いているかということです。

――スタンスの向き、両膝、腰、両肩の向きが同じ方向ということですよね。

倉本●そうです。しかしこのことも普段の生活にはないことですから難しい。それは我々プロだって同じこと。常にしっかりとできているかチェックする必要があります。皆さんの場合なら、本当に駅のホームなど直線があるところでアドレスする訓練をしてみて欲しいのです。なぜなら、自分が正しいと思うアドレスでは右を向いていたり、左を向いていたりということが多いからなのです。どうすれば正しく目標に向かって構えられるか、真剣に考えて方向を取る訓練をしてください。コースでも正しく向いた場合に、フェアウェイの見え方などがどうなるかをしっかりと目に焼きつけたほうがいいと思います。ミスはスイングにあるのではなく、この方向が違うために起きていることがとても多いのです。

――つまりナイスショットであるのにミスショットと思ってしまう。

倉本●そうなると悩みは深みにはまってしまいます。だからアドレスを疑ってみることです。そしてもう一つ、縦のラインも本当に大切です。これは先ほども言ったように、基本的に正面から見たときに体の中心軸が地面に対して直角かということ。これには気を遣わなければなりません。

――ドライバーとアイアンとか、クラブによってボールの位置が変わるので、いつでも体の中心軸を真っ直ぐにするのはやりにくい気がします。

倉本●だからこそ、基本的には私はすべてのクラブで左足かかと延長線上にボールを置いています。そして常に体を地面に直角にして構える。これができれば、ナイスショットの基本がつくられたわけで、そのまま自然に打つだけで上手く打てるはずなのです。

——それから、ボールに対してどれぐらい屈んだらいいのか、スッと立ったほうがいいのか、またハンドダウン、ハンドアップはどれくらいかということに悩んだりするのですが。

倉本●それはクラブのライ角によるわけですから、それに従えばいいというのが基本でしょう。それと、縦のライン、即ち体が地面と直角であれば、いちいちそんなことを考える必要はありません。それができていれば自然と上手く打てるはずなのです。大体、クラブによって長さが異なるのですから、屈み方も変わってしまうので、それにとらわれないことですね。

——なるほど。それに縦のラインの基本ができていれば、傾斜のショットでも正しい応用ができるということになりますね。これまで縦のラインを気にしていなかったので、思い返すと、傾斜に対して適当に構えていたように思います。

倉本●アイアンはボールが真ん中だから直角に構えることができていた人も、ドライバーになると左足かかと線上になるために体が傾いて、必要以上にアッパーブローになる人って多いですよね。しかし私にいわせれば、そんなアドレスではいつでも同じように打つのは難しいと言わざるをえない。クラブによって体の角度が変わってしまっては、その変わってしまった角度をいつでも同じにするのが難しいのは自明でしょう。故に、常に地面に対して直角に立つほうが、常に同じように立ちやすい。だから私はそれをチェックしているんです。

――これまでは方向の横のラインだけを気にしていましたが、縦のラインも注意することにします。

倉本●いいショットを打つことも大切ですが、常に同じ構えをして、同じショットを打つことが大切なのです。極端なことを言えば、ミスショットだって、常に同じミスショットならそれはミスショットではないんです。ゲームが組み立てられるのです。もちろん、ナイスショットがいつも同じナイスショットであるという確率をどれだけ高められるか、その根本はグリップとアドレスにあることを肝に銘じておいてください。

――もう一度、基本に立ち返ってみたいと思います。

90を切る本質的練習法

第8章

スイングやショットにイメージを抱き、
目に見えない練習こそ大事

練習場では基本に帰ること。「基本10カ条」をチェックする

――今回は倉本プロに、上達するための練習法を教えていただけないかと思ってやってきました。

倉本●それはいつものように、あなたたちサンデーゴルファーのために、ということですね。

――そうですが、実際は日曜はゴルフフィが高くてなかなかできない、貧しいアベレージゴルファーですが。

倉本●それは申し訳ない。しかしプロのための練習法と一般のアマチュアのための練習法は、ゴルフにかける時間が自ずと違うから同じようにはいきません。だから敢えて聞いたわけです。となると、皆さんにとっての練習法というわけですが、これは大きく分けて3つあります。

――3つもあるんですか？　練習といえば練習場だけと思っていますが。

倉本●だからなかなか上手くなれないんですね。練習は、練習場とコースと、そしてそれ以外の自宅など、場所が3つに異なります。

――なるほど。

倉本●皆さんは、コースというところはいつも本番を行う場所で、練習するところではないと思っている。それが大間違い。さらには自宅では何もしない。それでは本当のところ練習しているとはいえませんね。まあ、練習場でもしっかりと意味のある練習をしてはいないんだろうけれど。

――すみません。

倉本●では、まずは練習場での練習について話をしていきましょう。ここではまず、徹底して基本を練習すること。練習とは基本のチェックといってもいい。

――応用はしないということですね。

倉本●そう。練習場では応用なしの基本だけを行う。それに徹すること。「基本に帰る」ともよく言うけれど、プロでも練習場では基本練習を行わなければならない。よく「基本はわかった」などと言って怠る人がいますが、それは大間違い。プロでもそういう輩がいるけれど、基本は常に「帰る」ことが肝心なのです。

——では倉本プロが「基本に帰る」と言う、チェックすべき基本とはどんなことですか?

倉本●私はそれを「基本10カ条」として整理し、記憶しています。皆さんも空で言えるように覚えて欲しいです。

——はい。

倉本●「基本10カ条」とは、

1、体の向き（足と膝と腰と肩の線）が目標とボールを結んだ飛球線に対して平行

2、体の中心軸が地面に対して真っ直ぐ

3、ボールは正しい位置にある

4、頭や視線が傾いていない

5、バックスイングのスタート方向が合っている

6、トップの位置が正しい

7、スイングは淀みなくスムーズ

8、軸はぶれていない

9、きちんとボールをヒットしている

10、フォロースルーは正しい方向に出ている

それらを全部チェックしながら打つことです。1球1球丁寧に打っていくわけです。

――となると、たくさんは打てませんね。

倉本●そう。100球がいいところ。200球も300球も打ったという人がプロでもいるけれど、それはただ打っただけで丹念に基本をチェックしてはいないでしょう。それでは何にもならない。私は100球を3時間ぐらいかけて打ちます。

――もう少し詳しく話してください。

倉本●1球ごとに基本項目をチェックして打つ。こうしていい当たりが出たら、何球か同じように打ってみる。そして最後にもう一度基本項目をチェックして打ち、本当にできているか見るわけです。できていたら打席をはずして今行った自分のスイングを頭の中で思い描きます。肩の回転、腰の回転、手の動きなど、それぞれを頭のなかで見つめてみるわけです。

――どんなふうに振っていたか、頭の中でチェックするわけですね。

倉本●そう。倉本が倉本をチェックする。自分を客観視するわけで、それができてく

ると、打つ前から自分のスイングがイメージできて、実際に打つときに基本のスイングができるというわけです。

――打ったあとで、頭の中でイメージトレーニングを行う。それが大切だというわけですね。

倉本●そう。だからボールは100個でも3時間はかかる。しかもできれば、頭の中でいろいろなところから自分のスイングが見られるようになりたい。自分の周囲、360度、頭の上からや背中からなど、足元からだって自分のスイングを見られるようになりたい。実際に、いつも頭の中でスイングをチェックする癖をつければ、できるようになります。

――倉本プロはできるんですか？

倉本●もちろん。ビデオで写せないところからでも見えます。でもこうなれば自分のスイングが初めて自分でよくわかったということになるわけで、こうしたことを行うのはとても大切です。「自己の客観化」。常に冷静にプレーができるし、ミスが極力少なくなります。

――頭の中のスイングチェックなら、練習場でなくてもできるところがいいですね。

倉本●車の中とか満員電車の中でも、お風呂やトイレに入っているときだってできる。心掛け次第で誰でもできるようになると思いますよ。

——自分のスイングがいつでもイメージできる、となれば凄いことですね。

倉本●別に凄いなんてことはない。そうする癖をつけておけばいいわけです。練習は目に見えるものだけが練習ではありません。目に見えない練習が大切なのです。

7、8、9番アイアンで100球だけを3時間

——先程、練習場での練習は１００球と言われましたが、実際にはどんなクラブを何球ぐらい打つのがいいのでしょうか。

倉本●本気でスイングを固めるのであれば、６番か７番アイアン１本でいいと思います。それで基本事項をしっかりとチェックして１球ずつ打って、常に同じスイング、同じショットが打てるようになることです。同じショットといっても、同じ方向に、同じ弾道の高さで、同じキャリーと同じランの距離が打てること。これが肝心です。

――練習場では同じ方向、つまり真っ直ぐに打てればいいくらいに思っていました。同じ高さと同じ距離ですか。これからはそこまで真剣にチェックしてみます。

倉本●7、8、9番アイアンの3本を持って、それらのクラブのフルショットを先ほどの6番か7番アイアンのように基本のスイングを行ってしっかりと打てるようにすることも大切です。ショートアイアンに自信が持てるようになれば、スコアメイクはかなりきっちりとできますから。

――スリークオータースイングやハーフスイングで打つことも大事だと倉本プロは言っていたと思いますが。

倉本●それは基本事項を十分にやって、それができるようになってからやるといい。これらはフルスイングに通じる基礎になる。基本の基本を作ることになる。しかし、大事なのは、フルショットといっても力一杯のスイングではないということ。きちんとボールをコントロールできる力でのフルスイングであること。スイング中に体のバランスが崩れないスイングであることも大切なポイントです。

――話は戻りますが、倉本プロは試合前などの100球の練習では、実際どんなクラブを使いますか？

倉本●そうですね。8番と9番とウェッジ類のショートアイアンが50球。これをまずやって、5番から7番アイアンのミドルアイアンが30球。ドライバーを10球。それでクールダウンにウェッジ類を10球かな。短いクラブから順々にやって、体が慣れてきたら、長いクラブにしていく。フェアウェイウッドを入れてなかったけれど、それも打ちますね。

――ドライバーの打球が少なくありませんか？

倉本●そんなことはありません。10球でも多いくらい。打たなくてもいいと思います。特に狭く短い練習場なら、弾道もランもわからないわけだから、ドライバーを練習する意味がないですね。5番アイアンがしっかりと打てれば、ドライバーは打てるはず。だから練習はしなくてもいいです。

――我々アマチュアはドライバーを打ちすぎですね。

倉本●ドライバーを力一杯打つと練習した気がするのかもしれないけれど、基本事項に乗っ取らないひどいスイングを固めるようなもの。ミスも多くて自信も失うことでしょう。練習場ではあくまで基本を行うことに努める。ならば7番とか6番アイアンの練習量が多いのが基本でしょう。ドライバーを汗びっしょりかきながらマン振りするのは練習ではないですね。そんなことをするくらいならジムにでも行ったほうがよっぽど効果があります。

——ロングアイアンは練習しなくていいのでしょうか。

倉本●3番アイアンがしっかりと打てるようになれれば、4番や5番アイアンも安定します。これは確かなことで、スイングがしっかりしていなければ3番アイアンを打ちこなすことはできませんから。そこで練習場で3番アイアンを練習するのは一理あると思います。

——中部銀次郎さんは試合前の練習では2番アイアンしか打たなかったそうですね。

倉本●その日の調子をチェックするためでしょうし、実際その日のスイングをチェックするにも2番アイアンがわかりやすかったのかもしれない。でもそれだけスイングやショットが確立されていて自信があった証拠でしょう。一般のアマチュアはラウンド前にそんなことをしては、ひどいショットが出て自信を失うだけです。実際のラウンドでもロングアイアンは封印しておいたほうがスコアメイクに関してはいいでしょう。ロングアイアンはスイング作りのための練習用のクラブと考えておいたほうがいいと思いますね。

本気で上達したいなら レッスンプロに見てもらう

——その他に練習場で考えておいたほうがいい練習はありますか?

倉本●これはちょっと練習法とは異なることですが、練習場ではレッスンプロに見てもらうといいと思います。

——いい人か、自分に合う人かなど、いろいろと考えてしまって習う勇気が持てないのですが。

倉本●自分のゴルフがある程度できあがってしまうと、レッスンプロに見てもらって自分のスイングが壊されたらどうしようと不安になるからでしょうね。しかし自分だけではどうしても伸び悩んでしまうことも多いと思います。殻に閉じこもってしまうと悪くなったときに誰も助けようがないということもあります。

――確かにそうですね。

倉本●自分のゴルフ人生を考えて、このままのゴルフで一生を終えたくないと考えているのであれば、勇気を持ってレッスンプロにつくことです。自分のゴルフをオープンにして、ゴルフをわかっているプロに見てもらう。最初は戸惑うことがあったり、一時的に悪くなることもあるかもしれませんが、いずれは殻が破れて今よりも遙かによいゴルフになると思いますね。

――倉本プロもジュニア時代は福井康雄プロに習っていたわけですよね。

倉本●青年になってからはＪＧＡの鍋島直要さんからアドバイスを様々にいただいたり、中部銀次郎さんに相談ができたりといったことなどから、自分のゴルフをさらに進歩させることができました。よき指導者との出逢いは本当に大きいと思います。

――今、よき指導者と言われましたが、それが見極め切れません。

倉本●日本プロゴルフ協会がインストラクターの資格を発行しています。プロのインストラクターは医者の世界でいえば国家試験を通っているプロです。ですからインストラクターは皆、医者と同じで基本的なラインはクリアしてきているわけです。ですから、素人が教えるのとは違います。もちろん、医者の世界と同じで名医もいればヤブ医者もいるかもしれません。でも習う皆さんが自分と気が合う人かどうか、信頼できる人かどうかは自分でわかると思います。とりあえず最初は何人かのインストラクターから習ってはどうでしょうか。

――そんなことをしても大丈夫でしょうか?

倉本●日本では病気になった場合、一度訪れた病院の医者を替えることはなかなかできませんが、アメリカでは「セカンドオピニオン」といって、一つの病院に行って検査をして結果が出たら、違う病院に行って再検査をしなさいと言われています。そして同じ結果が出たら初めて信用しなさいというわけです。ゴルフではこのセカンドオピニオンをどんどん取り入れるべきだと思います。複数のインストラクターに指導してもらって、一番信頼できる人とずっと練習を続けていけばいいと思います。

――信頼できる人とはどういう人でしょうか?

倉本●人間性ですね。いわゆるこの人は人格者だなという人。技術よりマナーやルールを教えようとする人であるとか。あまり教えすぎない人とか。無闇に矯正しない人とか。ポイントだけを口数少なくアドバイスする人とかがいいかもしれませんね。

——シングルの友人などに習うのはどうでしょうか?

倉本●生半可な素人に習うのが一番危険だと思いますね。これは以前にも述べたと思いますが、未だに地球が回っているのではなく太陽が地球の周りを回っていると勘違いしているような人から習うようなものです。地動説ではなく天動説を信じている人ですね。

——確かにそんな人から習うのは危ない。

倉本●そうでしょう。これは世界中のゴルファーにも当てはまることで、有名なことわざがあります。

——なんですか?

倉本●「上達したければ、人の言うことは聞かないことだ」。その人とはあなたのゴルフ友達のことです。

スコアをつけないラウンドで伸び伸びとショットを打ってみる

――では、次にコースでの練習について教えていただけますか？　大体からして、コースで練習すること自体がよくわからないのですが。

倉本●それはいつでもスコアをつけるからですよ。試合やコンペでもないのにスコアをつける。だから上達できないということがありますね。

――スコアをつけないと面白くないと思うのですが。

倉本●そんなことはないですよ。スコアをつけなければ伸び伸びとゴルフができるものです。スコアをつけるから、ドライバーショットはフェアウェイに置きに行く、セカンドショットも思い切ってグリーンを狙わない、パットも3パットしないように恐る恐る打つというチマチマしたゴルフになってしまうんです。スコアをつけずにもっと大らかに伸び伸びとプレーをしてみて欲しいと思います。そうすればゴルフはもっともっと楽しくなります。そして自分の限界を延ばしたり、長所を伸ばしたり、短所を改善できたりと、上達もできるのです。

——それは具体的にはどんなことになりますか？

倉本●例えば左右ＯＢなどの狭いホールだと、スコア重視であるならばアイアンで刻みますよね。でもスコアをつけなければドライバーで打ってみようと思える。それが成功すれば自信になる。たとえＯＢにいっても成功するまで打てる。その成功体験が上達の鍵になります。また、セカンドショットでもグリーンがバンカーに囲まれていれば、スコア重視なら手前に刻んでアプローチで逃げる。でもスコアをつけていなければ思い切ってグリーンを狙える。それをミスしてバンカーに入っても、バンカーの絶好の練習になるというわけです。スコアをつけていないから大胆に伸び伸びと思い切りのいいゴルフができる。これがあなたのゴルフを伸ばすことになるわけです。

——倉本プロもスコアをつけないときがあるのですか？

倉本●プライベートで回るときはスコアカードを持ちません。ですから、クラブハウスで「今日はいくつで回りましたか？」と聞かれても「さあ、いくつかわからない」と答えると皆さん、びっくりします。でもスコアをつけないと解放されてゴルフがとても愉しくなります。一緒に回る人と和気藹々《あいあい》のゴルフをしたいわけですから、スコアなどつける必要はないわけです。

——なるほど。

倉本●スコアカードを持たず、スコアに縛られることのないゴルフを、一度でもいいのでコースで行ってみて欲しいと思います。そして、コースで1球1球を真剣に、練習場でやった基本事項を繰り返したときのショットを試みてください。そのショットの結果はしっかりと把握します。しかしスコアは気にしない。1球1球がそれぞれ独立したショットとして捉えるわけです。前のショットの継続で今度のショットがあるという考えを捨ててしまう。1球1球、ゴルフの神様に立ち向かうショットと思って打ってみることです。これはとても実践的で上達できますね。

——コースでショットの練習をするという真意を教えてもらった気がします。しかし、コースではスコアメイクの練習もしなくてはならないのではありませんか?

倉本●もちろん、その通りです。コースでのショットの練習とスコアをつくる練習とはまったく異なります。もちろんスコアメイクの練習もしなくてはなりません。そのときはスコアを当然付けます。

——コースマネージメントを勉強するということですね。

倉本●練習場で培ったショットでコースを攻めていく。コースレイアウトをよく見て計画を立て、それに従ってクラブを選択して目標に打っていきます。その際、今度はよいスコアであがることを考えるわけですから、その場で思いついた無謀なチャレンジはしない。攻略ルートに従って、たとえミスしても、そのルートに戻してきちんと攻めていく。そしてスコアをつくる。90を切るのが目標であれば毎ホール、ボギーのルートを考えて、その中からパーを拾って目標を達成します。

——これまでに教えていただいたことですね。

倉本●90切りが目標ならば無理なパールートなどを取る必要はありません。例えば200ヤードのパー3をロングアイアンで無理矢理狙う必要はありません。100ヤード＋100ヤードで乗せてボギーでいいわけですし、自信のあるクラブだけを使って攻めてもいいわけです。500ヤードのパー5も4オンでいいわけですから、7番アイアンで3回打ってアプローチで乗せてしっかりとボギーを取る。逆にスコアを作るのであれば、そうしたゴルフをコースで練習してやってみなくてはいけないわけです。こうして目標のスコアをクリアできることも大きな自信になります。スコアをつくるのであれば、徹底してつくる。これが肝心です。

コース攻略を学ぶにはクリーク1本で回ってみる

——倉本プロは以前、クリーク1本で回ってみると、コース攻略というものの大切さが痛いほどわかると言われましたね。

倉本●研修生にやらせるコースでの練習ですね。クリーク1本ならばどう攻めていけばボギーオンができるかを、嫌がうえでも考えることになります。例えばガードバンカーに入れないようにどこに打っていくかとか。考えるということがゴルフでは本当に大切なんです。それを、何ヤードだからこの番手などと何も考えずにオートマチックに打ってしまう。レッスン書を読んでゴルフをマニュアル化している人があまりにも多い。それではある程度は上手くいっても、どこかで対処できなくなってしまう。

自然を相手にするゴルフでは、常に頭をフル稼働して対処する必要がある。その訓練を、コースでしていくことが大切です。

——スコアメイクに徹するなら、飛ばそうともしないことですね。

倉本●ドライバーだけでなく、アイアンでも飛ばそうとする人がいるけれども、それは愚の骨頂。どんな状況でも、常に練習場で身につけたバランスのよいスイングでショットを打ち続けること。これが肝心です。コースでは目標にボールを打っていくことが大切なわけですから、飛ばそうとして曲げてしまっては何にもなりません。

——ところが我々アマチュアは飛ばすことがスコアメイクには有利なことだと思ってしまいます。

倉本●少しでも飛ばして、少しでもグリーンのそばに行けばいいスコアであがれると勘違いしている人があまりにも多い。それは束の間の安心であって、本当の安心にはなりません。飛ばそうとして曲げて林やＯＢに入れ、できるだけグリーンに近づけたいと思ってバンカーに転がり入れてしまう。これが大叩きに繋がってしまうわけです。スコアメイクと飛ばしは相反していることに気がついて欲しいと思います。

——でも大叩きしても、飛ばしたいと思っているのであれば構わないわけですよね。

倉本●もちろん。今日のラウンドの目的はとにかく飛ばすこと。それこそが自分の楽しみだという人は、そうするべきです。でも大抵の人は途中でスコアが気になり出して、思い切って打たなくなったり、ドライバーを使わなくなったりして、それで後悔するわけです。ですから、今日のラウンドは何が目的なのかを、あらかじめはっきりとさせて、その日は最初から最後のホールまで徹底してその目的を完遂することです。そうすれば後悔もしないし、腕も上げられるというわけです。

――なるほど。そうなると、コースでの実践練習は、スコアカードを持たずに1球1球を実践に即して打つことを覚えるか、コースマネージメントを考えてスコアをつくることを覚えるか、はっきりと分けて練習することが大切なようですね。

倉本●それと私が言いたいのは、コースでは素早く打つということです。

――と言いますと。

倉本●コースでは状況を把握しなければいけないことが多いですし、考えることも多くなるでしょう。しかし、打つときは、構えたら、素早くさっと打つ。人間の集中力は3秒しか持ちません。ですから私は3秒で打つことにしています。

――確かに倉本プロは素振りもせずに瞬く間に打ってしまう。

倉本●考えることは打つまでにすべて行い、クラブと目標を決めたら、ボールに3歩で近づいて3秒で打つ。よく自分の打つ番が来るまで自分のボールの前で待つ人がいますが、それではスイングのリズムが取りにくい。「静から動」に移行するには力が必要になります。ですから「動から動」で打ってしまう。ボールに近づくという動作から打つという動作に移行します。打つときにボールの前にいては打つというリズムが上手くつくれません。

――それにすぐに打ったほうが体が硬くならなくていいですね。

倉本●もちろん。よく構えてからいつ打つのかと時間がかかる人がいますが、それは時間をかけるから体が固くなって益々打てなくなってしまうのです。構えたら、あとは何も考えない。構えたら、目標を一、二度見てすぐに打ってしまうことです。結果はボールに聞いてみるという気持ちで打てばいい。打つ前からいいショットになるかどうかなど考えても意味がありませんから。さっと打ってしまう呼吸を体得して欲しいと思います

――本当にそのほうがいいと思います。

倉本●練習では基本をじっくり考えて丁寧に打つ。でもコースでは決断を信じて素早

く打つ。それを皆さんは練習場では自動のティアップでどんどんと打ち、コースでは1から10まで考えてなかなか打たない。それはまったく逆です。逆にするように努力してください。

毎日欠かさず素振りをすること。素振りをすれば自然と上手くなる

――では、最後に練習場とコース以外での練習について教えていただけませんか？

倉本●それは自宅での素振りです。家の中でも庭でも家の外の道でもどこでも構いません。毎日欠かさずに素振りを行うことです。ゴルフスイングは日常生活にはまったくない体の動きです。ですから、それを体に染み込ませるには、毎日素振りを行うこと。それが本当に大切なのです。

――ゴルフを始めた頃はよくやりましたが、最近はしたことがありません。

倉本●だから上手くなれない。ゴルフというものがせっかくわかってきたのにスコアが縮まらないのは、結局、基本を疎かにしているからです。練習場でも「基本に帰る」練習をしなくてはいけないと言いましたが、週に1度の練習では、体はすぐに忘れてしまい、その練習が元の木阿弥に戻ってしまいます。でもそれ以上、練習場に行けないというのであれば、素振りをすることとです。それも毎日。そうすればみるみる上手くなることを私が保証します。

――しかし素振りはショットの結果もわかりませんし、自己流の悪いスイングが身についてしまうようにも思うのです。

倉本●そんなことはありません。素振りはボールがないために素直なスイングができるものです。それもどんどん振っていけば、無駄な動きがなくなり、合理的なスイングになってくるものです。悪いスイングだとどこかに余分な力が入っているものですし、体が上手く回転しないのですぐに疲れてしまいます。それを止めずに振っていけばクラブの重さを感じて振れるようになります。クラブを振るのではなく、クラブに振られるスイング。それこそが自然のスイングなのです。

――たとえいいスイングでなくとも、自然にいいスイングになるというわけですね。

倉本●ボールがないから強く打とうとか飛ばそうとか真っ直ぐに打とうなどといった意識がありません。欲がないためにその人に合った自然なスイングになるものなのです。ですから、練習場でボールを打つよりもよい効果があると言っても過言ではないくらいです。

――なるほど。素振りは侮れないと。

倉本●素振りならお金はまったくかかりません。安上がりで上達できる。そんないいことを皆さんはなぜやらないのか。ボールを打たなければ面白くないというかもしれないけれど、ボールを打ってばかりいるから上手くなれないとも言えるのです。

――毎日、朝起きたら素振りですね。

倉本●毎日、100回でいい。素振りをしましょう。

――わかりました。明日から頑張ろうと思います。では素振りの他に何かしなければならない練習はありますか？

倉本●ゴルフは打つこと以上に足腰が大切なスポーツです。ですから、ジョギングをしなさいとまでは言いませんが、なるべく歩くように心掛けて欲しいと思います。一駅前で降りて歩くとか、エレベーターやエスカレーターは使わずに必ず階段を使うとか。ほんの少しのことですが、体に楽をさせないことを行ってみてください。電車に乗っても駅と駅の間の電車が走っているときはつま先立ちをするとか。こうしたちょっとしたことで上達できるものなのです。

――倉本プロを信じて頑張るしかありませんね。

倉本●ゴルフは毎日の努力の積み重ねしか上達する方法はありません。素振りや歩くことなどで、いったいいつ上手くなるのかと思うかもしれませんが、それがいつだかわからないのがスポーツでありゴルフなのです。ラウンドを行ってスコアカードを見て、どこがいけなかったか反省している姿を見ますが、本当に反省しなければならないのは、その日のラウンドでなく、毎日の常日頃の練習を怠っていたことなのです。それを心して欲しいと思います。

特別付録・80を切るゴルフ

最終章

18ホールを3ホール単位に考え、その3ホールを1オーバーであがる

80を切りたいのであればアプローチとパットに磨きをかける

――これまでは「90を切る」ということをテーマに、いろいろなことを倉本さんからお聞きしてきました。しかしこの最後の章では「80を切る」、つまりもう一歩前進して、70台であがれるようになるにはどうしたらいいかということを伺いたいと思います。

倉本●シングルさんの世界ですね。90を切れるようになったら当然、80を切るのが新たな夢になるでしょうね。しかし、90切りのレベルの人にとって、それは簡単なことでは決してないと思います。たまたま調子がよくて切れることがあるかもしれません。しかし、何度も切る、つまりシングルさんの実力をつけるとなると、そうたやすいことではないでしょう。

――確かにビギナーだったときに100切りの壁があったように、そして、少し上手くなって90の壁が立ちはだかったように、80の壁もかなり高い。

倉本●目標スコアが低くなればなるほど、たった1打さえ縮めていくのは大変なことになります。1打の重みが大きくなりますね。そのことを本当にしっかりと認識できるかどうかに、80切りはかかっているといってもいいでしょう。本当に80が切りたいと思って練習するのかということです。口でいくら切りたいといっても切れるものじゃありません。90切りはコースの攻め方といったものを考えられるようになるだけで、意外とあっさり切れるものです。しかし80切りはそうはいかない。かなりの努力が必要です。シングルさんに聞いてみてください。地道な練習をかなりした時期があり、現在もしていると思いますよ。

――地道な練習と言いますと。

倉本●アプローチとパターの練習です。皆さんがもっともやらない小技の練習ですね。あとで詳しくお話ししますが、80切りのキーポイントはここにあります。なぜなら、ティショットではいくらいいショットを打ってもスコアは縮まらないし、セカンドショットは打たないわけにはいかないのです。確実に打数がかかるのです。もちろんパーオンして1回でパットが入ればいいのですが、このレベルのゴルファーであればそんなことはなかなかないでしょう。確実に縮められるのは、いいアプローチをしてパターを1回で入れることなのです。

――80を切れない人は、そこのところを身に染みてはわかっていないのでしょうね。

倉本●そう思いますね。ショットの練習しかしていないのではありませんか？　コツコツとアプローチとパターの練習をする。我々プロであれば、誰でもそれだけの猛練習をした時期があるし、今もやっています。

――トーナメント会場の練習場では、ショットとパットは見かけますが、アプローチは見かけませんが。

倉本●トーナメント会場での練習は、基本のチェックとコースに合わせた応用を行うからです。アプローチに関しては、練習ラウンドをしながら応用を行っています。グリーンを外す場合を想定して、ラフやバンカーから打って、芝や砂の状態を確かめています。アプローチの基礎練習は試合の前に十分積んでいます。その基礎練習を、80を切りたい方には徹底的に行って欲しいということなのです。

――どこでやりましょう。練習場でもいいのですか？

倉本●もちろんです。練習場の打ち放題などを使って十分に行うことです。コースの練習場が使えるのであれば、ラウンドなどしないで1日中、そこで練習してみてください。アプローチだけで1日、バンカーだけで1日、練習グリーンだけで1日。そうしたこともやってみて欲しいのです。ホームコースがなくてできないという人は、ラウンドする日のプレー前後にたっぷりとしたらいいと思います。どちらにしてもやらないよりやることが大切。練習場でも十分にいいと思いますよ。

3ホールを1オーバーで上がる。できてもできなくても挑み続ける

――最初に80を切る心構えと一番大切なストロークに話が及んでしまいましたが、まずは80を切るための大前提というか、考え方をお聞きしたいと思います。

倉本●私はハーフの9ホールを3ホールずつに分けて、それぞれの3ホールを1オーバー以内であがることを目標にラウンドすることをお薦めしたいと思います。これができれば、ハーフを3オーバーであがれるので、1ラウンドを78であがれることになります。とは言っても、実際にはなかなかそう上手くはいかないでしょう。ですから、最初の3ホールで3オーバーしたり、5オーバーしたりということもあるでしょう。でもこれは次の3ホールをプレーするときにはもうすっかり忘れてしまうのです。自分の頭から切り捨ててしまう。そして次の3ホールを1オーバーであがれるように頑張るわけです。これがまた、その通り上手くいかなくてもいいのです。また次の3ホールを頑張る。これを繰り返すことです。

——3ホールを一つの単位と思って、プレーする癖をつけることに意味があるわけですね。

倉本●その通りで、このようにプレーして、どこかの3ホールを1オーバー以内であがれたら、そのあがり方というものが自然に身についていくのです。あのときはこんな感じでプレーできたから1オーバーになれたなということが身について、そのイメージやリズムで回れる癖がつく。そうすれば、ハーフを3オーバーで回れるようになり、1ラウンドを6オーバーで回れるようになるわけです。

——3、3、3と3ホールずつ回る意識のゴルフですね。

倉本●3、3、3……を永遠に続ける。コツコツと3ホールずつを積み重ねるわけです。

それが80を切るコツなのです。

——とはいっても、具体的に3ホールを1オーバーであがれるようにするにはどうしたらいいでしょう。アプローチとパットですか？

倉本●そこへ話がいくのはまだ早いのです。それは極論といってもいいわけで、もう少し、ゴルフ全体を考えてみましょう。私が思うに、「80を切るゴルフ」というのは、フェアウェイキープ率が6割以上、パーオン率も6割以上、そしてそのときのパット数が1・8点台のゴルフです。1ラウンド32パットから34パットにおさめるゴルフです。

——それは厳しい。パーオン率が6割というのは奇跡に近い。パット数が32というのはできない数字ではないですが、それはパーオンしてなくてアプローチが多いからそうなるわけで。

倉本●では、聞きますが、ご自分のフェアウェイキープ率とパーオン率を知ってますか？

——具体的に計算したことがないのでわかりません……。

倉本●それがいけない。パット数だって数えていない人が多いのではないでしょうか。

それでは自分のゴルフが客観的にわかりません。何が悪くて80が切れないのか。パットが悪いと思っている人が実はアイアンショットが悪くて難しいラインを残しているのかもしれませんし、アイアンショットが悪いと思っている人が実はティショットがフェアウェイをキープできていないことが原因していることもあるからです。ラウンドしたら数字をきちんと出してみる。そうすれば、自分のゴルフの長所や弱点がわかって、練習していくのにも方針が立てられると思います。

――しかし、先ほど言われた数字はプロゴルファーの数字でもありますよね。

倉本●確かにそうなんです。フェアウェイキープ6割、パーオン率6割。プロでもその数字にいたっていない人は多い。しかし、その数字を出して、それを達成しようとすれば、自然と80が切れていきます。パットを含めてこの数字を達成すること。スコアに大きく関係していることがわかると思います。

グリーンを外しても寄せやすい。そうしたところを狙って打つ

——やってみますが、それができなくても、80が切りたいのですが。

倉本●確かにそうでしょう。そして、実際には、6割のフェアウェイキープやパーオンでなくても、80は切れるのです。ショートゲームさえよければです。逆に言えば、80を切りたいというレベルの人は、グリーンを外すことが多いわけですから、アプローチをする回数がとても多い。そのときにいかにパーを拾えるかが鍵になるわけです。

——そこで、アプローチの練習ということになるわけですね。

倉本●その通りなのですが、その前に考えておくことがあります。

——なんですか?

倉本●グリーンを外した場合、外してもいいところだったかどうかなのです。我々は常に起きうるミスショットを想定して、その場合に寄せられないという最悪の場所にミスショットが行かないようにグリーンを狙います。ところが80を切れない人は無闇にピンを狙って、最悪のところに外したりしてしまうのです。

――その通りですね。逆にどこもここも恐れて、グリーンが見える手前ばかりを狙うことも多いです。また安全にいこうとピンの対角線ばかりを狙うことも多いですし、池越えやバンカー越えを狙わないということも多いですね。

倉本●でも、それでは90切りのゴルフですね。逃げてばかりでは80を切れないということも現実でしょう。実際、グリーンの奥からは寄せにくいということでフロントセオリーを重視するのは古い伝統的なコースの場合に多く、新しい現代的な設計では奥のほうがやさしいということもあります。グリーンやグリーン周りの状況を知って攻める必要があります。皆さんの場合は、初めて回るコースならばセンターセオリーにするのがよいように思います。グリーンの真ん中を狙う。それなら、少々のミスショットでもグリーンには乗っている。そして、意外とピンに近いのです。

――まずはグリーンに乗せるということですね。

倉本●大抵の場合、グリーンに乗って初めてカップを狙えるわけですよね。バーディのチャンスも出るわけです。グリーンの外から1回で入れるチップインは滅多にないのではないですか？

――確かにそうですね。では、バンカー越えにピンが切っている場合、80切りであれば、狙っていく必要があるでしょうか。

倉本●それは状況次第ですが、バンカーを怖がる必要はないと思います。というのは、バンカー越えの場合、皆さんはピンとバンカーの間にボールを落とそうと考える。それもできればピン手前に乗せようとする。だから恐怖感をもってしまうのです。ピンより先に打ってもいいじゃないですか。グリーンが縦30mの幅があるとして、その幅内に打てればいいと考えれば気が楽でしょう。

――なるほど、なぜかバンカーぎりぎりに超えるショットを打たなければと思ってしまいがちです。

倉本●下手な人ほど、許容範囲が狭いのです。落としどころはたった1点しかないよう思ってしまう。80を切るのであれば、そんな必要はないし、そもそもそうした技術もないでしょう。バンカー越えでピンまで100ヤードだったら、105ヤード打つつもりでいいんです。バンカー越えだから少し大きめに打とうと。我々だってそんなアバウトな感じで打ちますよ。

――バンカーに入れてもいいと思って打つわけではないのですね。倉本プロはバンカーがとても上手いので、入ってもいいとピンをデッドに狙うのかと思っていました。

倉本●そんなことはないですよ。私だってバンカーには入れたくないですから。バンカーから直接入れる確率より、グリーンに乗ればワンパットで入る確率はそれよりうんと高いと思いますよ。しかし、それでもバンカーに入ったら、仕方がないとそこからグリーンに乗せます。このときも80切りなら、ピンにピッタリに寄せようといった無理はしない。とにかく一発でグリーンに乗せることです。脱出できなくてダボを叩いては80切りはできませんよ。

80切りとはダボを打たないゴルフ

――確かにそうですね。ところで、80切りを達成したときにスコアを見ると、バーディが出ていたということが多いと思うのです。このホールでバーディが取れたから、スコアが縮んだなと。ですから、チャンスだなと思ったときにはピンを狙ったほうがいいと思うのですが。

倉本●そんなことはないでしょう。バーディというのは取るものじゃなくて、取れるものなんです。だから狙うとかそういうことじゃない。チャンスがあるときこそ、グリーン周りの危険エリアなどが見えていないことも多い。バーディが狙って取れるのであれば、60を切ることだってできます。どんな短いホールでも、やさしいショットでも、やさしいパットでも、バーディは取るもんじゃないんです。ティショットでバーディは取れないし、セカンドショットでも取ることはできない。狙えるのはパッティング、それも本当に狙っていいパットだけなんです。それ以外は慎重にプレーしなければなりません。

――計算に入れようなんていうのは大間違いというわけですね。

倉本●9ホールを3ホールずつに分けて、それぞれを1オーバーでプレーしようと言いましたが、その中にバーディを狙おうと初めから計画を立てることなんてできない。それはパーやボギーの計画もです。

——レッスン書などでは、よくラウンドする前に青写真をつくれと言われます。18ホールの各ホールのハンデを見ながら、自分なりのパーを別に書いておくといいと。つまりここのホールはハンデが低いからボギーでもいいというふうに。

倉本●それはナンセンスでしょう。というのも、ホールのハンデは便宜上ついているものであって、皆さんそれぞれの苦手なホールや得意なホールは違うはずです。しかしそれがわかっていても計画を立てるのは愚かなことです。何の意味もありません。あくまで一つ一つのホールをよく考えながら、1打1打を真剣に打つ。その結果、1オーバーで回れるように頑張る。回れなかったら、切り捨てて、次の3ホールを頑張る。するべきことはそれしかないでしょう。

——であれば、バーディが出たら楽だなと思うこと自体、おかしなことだということですね。

倉本●仮に短いホールでバーディが取れると計画するのであれば、400ヤードのパー4でもパーなんて簡単に取れるでしょう。それもティショットを曲げたとしても、そこから出して60ヤードが残る。それを常に1パットで入れられると思うことと同じだからです。

──そんなことできるわけがない。

倉本●そうでしょう。だからバーディは取るものではなくて取れるものなのです。それよりも9ホールを3ホールずつ分けて1オーバーであがるには、ダボを叩かないことがもっとも重要なんです。ダボを一つでも叩いたら、1オーバーで上がるのに、バーディが必要になってしまうからです。

──確かにそうですね。ダボというものを軽んじていたかもしれない。

倉本●80を切れない人の多くはそうでしょう。ダボの一つくらいという意識があると思います。何でもないホールで3オン3パットとかして、そんなこともあるといったふうに安易に考える。でもそのちょっとしたミスのダボで80は切れなくなってしまうのです。

──90切りとそこが違うところですね。

ティショットのOB、セカンドの池、3オン3パットを絶対にしない

倉本●ではダボになる要因をもう少し考えてみましょう。多いのは次の3つではないかと思います。ティショットのOB。セカンドショットの池。そして先ほど言った3オン3パット。まずティショットのOBですが、なぜこれがいけないかというと、前に進めないからです。たとえ300ヤード飛ばしても、OB杭を少しでも越えたら、その飛距離は0ヤードなんです。だからダボになる。それはセカンドの池も一緒。ティショットで池に入るのは、前に進めて第3打を打てますが、セカンドで池に入れたら第4打を打たなければならなくなる。だからダボになってしまいやすい。

——であれば、まずOBをなくすにはどうしたらいいでしょう。

倉本●刻めればいいけれど、それではパーが取れず、80切りはできないということもあるでしょう。まずはケアレスミスをなくすこと。打った後にそんなところにOBがあったのかといったことはなくしたい。ホール図をしっかり見たり、キャディさんに聞いて注意を喚起しなくてはならないでしょう。そしてきっちり避ける。「OBになったらなっただ」と言って思い切り打つ人もいますが、これはただの無謀。もし戦争ならば討ち死にです。ゴルフでは命は取られませんが、80を切りたいのであれば、「死なないゴルフ」が必要です。

——しかし、避けてもOBに行ってしまったりします……。

倉本●それぐらいの技術では80は切れませんよ。80を切りたいのであれば、ドライバーを練習して決め球を持たなければなりません。以前にもドライバーショットのときに話しましたが、真っ直ぐのボールばかりを追い求めるから右にも左にも曲がってしまうんです。曲がるショットを練習しながら、右か左か自分の弾道をしっかりと身につける。こうして例えば絶対に左には行かないという決め球を持てれば、OBがあっても怖くない。こうしたことが大事でしょうね。

——セカンドの池はどうですか?

倉本●不安なクラブで打たないことですね。得意なクラブで打てるときは思い切って打ちましょう。そうでなければ池を避けて打つこと。たとえ刻んでも3打で乗せられます。先ほども言いましたが、池に入れては4打目を打ち直すことになってしまう。ここで自信のないクラブを使って、もしも上手く打てたら嬉しいといったようなチャレンジをしていてはいつまでたっても80切りはできないでしょう。

――得意クラブを増やす必要がありそうですね。

倉本●先ほどドライバーの練習について話しましたが、練習のときから、100％の力で振るマン振りは行わないことです。皆さんは上手になっても飛ばしたいという欲望があって、マン振りをしたがる。でも練習のときから8割の力でボールをコントロールすることを覚えなければいけないのです。そして自分の持ち球をつくって常に狙ったところに打てるようにしなければならない。そうしてコースに出ても練習と同じように打つことなのです。コースでマン振りをしては元も子もありません。自分自身をコントロールしてこそ、ボールもコントロールできるのです。

――いつでも自分を見失わずにスイングしなければならないということですね。

倉本●アマチュアの多くは最大飛距離でプレーするのですが、それでは80は切れません。それはアイアンでも同じことです。1本のアイアンで距離の打ち分けができなければなりません。というのも8番アイアンで130ヤード飛んで、9番で120ヤード飛ぶ人が125ヤードを打たなければならないときにどうしますか？ 普段から8番アイアンで120から140ヤード、9番アイアンで110から130ヤードを練習しておく必要があるのです。このように重なる距離が二つのアイアンで打てるようになれば、コースにおいて、中途半端な距離が残ったときや、風が吹いているとき、さらには様々なライなどにも対処できるようになります。

――アイアンでもマン振りの人が多いですね。

倉本●だからひどいミスショットが出たりするのです。言っておきますが、先ほど8番アイアンで120から140ヤードと言いましたが、その140ヤードはマン振りの距離ではありませんからね。自分がコントロールできる最大飛距離なのです。よく、ドライバーでいつもより飛んだと言って喜んでいる人がいますが、それはナンセンスですね。アイアンでも同じことで、自分の距離を知って、それでプレーを行っていかなければならないわけです。

――3オン3パットのダボをなくすにはどうしたらいいでしょう。

倉本●無理にパーを狙いにいかないということでしょう。3パットになる理由は無理なファーストパットが原因であることが多いと思います。ここはボギーで仕方ないと思って2パットでしっかりとあがる決断も必要だと思います。狙ったら危険だというパットはたくさんあります。たった1mのパットでも狙ってはいけないパットというものは存在するのです。それを見極める必要があるでしょうね。

パッティングは感覚優先、第一印象を大切にする

——では、いよいよ80切りにもっとも大切だと言われたアプローチとパットについて話してもらえればと思います。

倉本●では、79であがるとして、仮にパットが30回だったとしましょう。ショットは49回です。そのうちティショットが18回でセカンドショットが14回とすれば、残りは17回がアプローチの回数です。毎ホールでアプローチをしていることになります。実際にはこの数はロングホールの第3打もカウントしていますので、13回が純粋なアプローチになります。これがすべて1パットで入るように寄せられればいいのですが、そうでないと、パーオンをたくさんしなければならなくなります。つまりアプローチの善し悪しがスコアに直結するわけです。

――そうなりますね。

倉本●あとはパッティング。スコアを縮められるのはパッティングだけです。だからアプローチも大切になります。前にも言ったように、ティショットでいくらいいショットを放ってもスコアは縮められませんし、セカンドだって打たないわけにはいかない。アプローチとパットの練習をたくさんしなければならないわけです。

――どんな練習をしたらいいでしょうか。

倉本●アプローチはまず自分の基準となるクラブをつくることです。ピッチングウェッジでも8番や9番アイアンでも何でも構いません。基準となるクラブでワンレバー、ツーレバーのスイングで、常に同じように打てるよう腕を磨くのです。

――と言いますと。

倉本●ワンレバーというのは手首を使わない4時から8時のスイング。ツーレバーというのは手首を使った3時から9時のスイングです。これらを常にきちんと打てるようになって、キャリーとランの距離の基準をつくるのです。そうすればコースに出てもその基準で打ってみて、グリーンの速さやピンまでの距離や高く上げなければいけないかどうかといった状況に合わせて、ロフトの違うクラブに持ち替えて打てばいいわけです。状況によってスイングを変えてはミスが起きやすい。変えるのはクラブなのです。とにかく距離感が大切で、その基準となるものを持つことが80切りには絶対の条件なのです。ですから、練習場でもどこでも、これを磨くことに全力を尽くすべきなのです。

——パットに関してはどうしたらよいでしょうか。

倉本●これも距離感がもっとも大切。それを磨くには、まず感性を大切にすることだと思います。80を切ろうというレベルの人は経験も積んでいますので、カップまでのラインを見たときに、上りか下りか、フックかスライスかなど、感じがつかめると思います。そのファーストインプレッションを大切にして打つことなのです。それを上りを考えて強さを計算したり、芝目を考えたりして足し算や引き算をしているうちに、せっかく最初に得た感性を失ってミスパットをするわけです。フェースの向きがどうとか、バックスイングがどうとかと考えてしまうことも感性を失わせる原因でしょう。

どうせ失敗するのであれば、第一印象を大切にして打つことです。感性を使えない人ほど、パットをミスすると思います。

——第一印象ですか。それだけに頼ると何も考えないで打つことになり、やってはいけないことだと思っていました。ですが、実はそれこそ感性を否定するようなパッティングだったというわけですね。パッティングの練習法は何かありますか？

倉本●練習はたくさんパットをすればいいというものではないと思います。オートマチックにストロークして、パターフェースが真っ直ぐストロークできているか。閉じたり開いたりしていないか。体や顔、目線など、アドレスでのポスチャーで方向がきちんと取れているか。そうしたことをストローク毎にチェックしながら練習するといいと思います。

——80を切るために、他に考えなければならないことがあるでしょうか？

倉本●100ヤード以内の距離であれば、グリーンのどこでもいいですから必ずオンさせること。下手にピンを狙ってグリーンを外すのでなく、オンさせる。100ヤードドオン率が9割を超えたら、80は簡単に切れます。パー5でパーが取れるようになりますし、ティショットを曲げても何とかなる。これには、9番アイアンでもいいし、ピッチングウェッジやアプローチウェッジでもいいので、得意クラブでフルショット、3クオーターショット、ハーフショットの基準をつくることでしょう。3本のクラブが使えなくても1本でも十分にいいと思います。100ヤード以内の練習を増やすことでしょうね。

さいごに

師・倉本昌弘

「90を切るゴルフ」とは、私から言わせれば、90を境に10打のゴルフです。つまりショットがよいときは85で上がれ、ショットが悪くても95まで上がれるゴルフのことです。決して100を叩くことはないゴルフのことです。

アベレージゴルファーにとっては厳しいゴルフかもしれませんが、今回の本で私が教えてきたことを実践できれば決して難しいことではないことがわかると思います。ボギーオンをするゴルフを組み立てれば簡単に達成できることなのです。

確実にボギーオンを果たすということは、闇雲に飛ばそうと思ってドライバーを振り回すことではありません。常にパーオンをしようと無理矢理グリーンを狙うことでもありません。また、グリーン周りではなるべく寄せようとするものでもありません。もちろんパットは一発で入れようとするものでもないのです。

つまり、ボギーオンのゴルフとは、「飛ばさない、乗せない、寄せない、入れない」という欲をかかないゴルフなのです。

そして自分のショットをよく知って、起きうるかもしれないミスショットを想定しながら、確実にボギーオンができる攻略ルートを考えて、それを地道に実行するということなのです。スタートホールから最終ホールまで、頭をフルに使って、しっかりと自分をコントロールして、己のゴルフを行うことなのです。途中で切れたり、欲をかいたり、冒険をしたりといったことをせず、最初から最後まで己のゴルフを忍耐強くやり続けること。ここにこそ「常に90が切れる」秘訣があるのです。それを忘れないで欲しいと思います。

ゴルフは人生と似ています。逃げ出したくても逃げ出せない。始めたら最後、18ホールを回り切るまで、ゲームを辞めることはできないのです。自分で道を切り開き、その道で毎回同じことを同じ手順で繰り返す、そんな地道なことができる人が、己の目標を達成できるのです。

二〇〇八年四月

あとがき

弟子・本條強

この本は、僕が編集する『書斎のゴルフ』での連載をまとめたものです。

昔々の若い頃の僕は、ドライバーは「飛ばし命」。フェアウェイなら嬉しいのですが、ほとんどはラフや林。そこから無理矢理にグリーンを狙って大叩きといったゴルフでした。もちろんたまには絶好調で80台前半が出ることもありました。70台が出たこともあります。しかし、常にそうしたゴルフを追い求めて行くわけですから、ちっとも上達はしませんでした。

ところが歳を重ね、ゴルフ人生の時間が短くなるにつれ、本気で上達したいと思うようになりました。そんなときに読んで上達するゴルフ雑誌である『書斎のゴルフ』の編集長となり、倉本プロの「90を切るゴルフ」の連載を自ら担当することになりました。私が聞き手となってその考え方を倉本プロに尋ねるというスタイルで、実に多くのことを倉本プロから教わりました。それは頭を使ってゴルフをするということであり、その面白さを教えていただいてから、自分のゴルフが本当に変わりました。

自分の今あるショットでコースを攻略する。己のゴルフを組み立ててこそ、スコアをつくっていくことができるということを学びました。

よく言われることに、成功するには目標を立て、その目標に向かって細かく計画を立て、一歩一歩その計画をクリアしていくことだ、というのがあります。つまりは小さな成功の積み重ねが、目標となる大成功をつかむことになるのだ、というわけです。まさにゴルフもそれと一緒だと思いました。

ゴルフには一発逆転というものはありません。今やるべきことをコツコツとやるしかないのです。そのことを飛ばし屋の天才といわれた倉本プロから学びました。この本をお読みになったみなさんもぜひ、倉本プロの教えを聞き入れて上達して欲しいと思います。

二〇〇八年四月

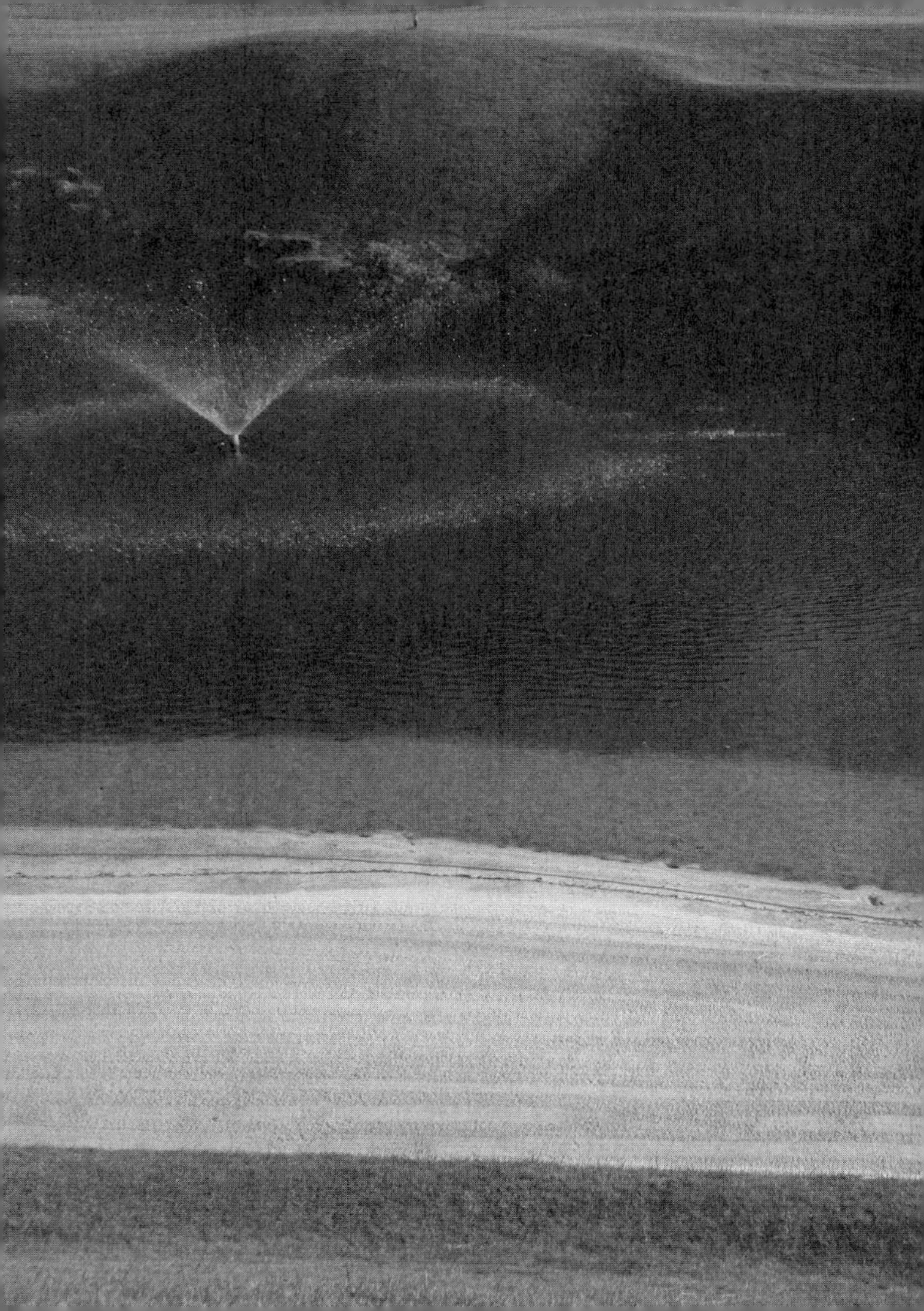

本書は『書斎のゴルフ』の連載をまとめて
日経ビジネス人文庫のために新たに編集したものです。

日経ビジネス人文庫

90を切《き》る!
倉本昌弘《くらもとまさひろ》のゴルフ上達問答集《じょうたつもんどうしゅう》

2008年4月1日 第1刷発行
2008年10月16日 第6刷

著者
倉本昌弘
くらもと・まさひろ

インタビュー・構成
本條 強
ほんじょう・つよし

発行者
羽土 力

発行所
日本経済新聞出版社
東京都千代田区大手町1-9-5 〒100-8066
電話(03)3270-0251 http://www.nikkeibook.com/

ブックデザイン
鈴木成一デザイン室

印刷・製本
凸版印刷

Printed in Japan ISBN978-4-532-19444-4

中部銀次郎 ゴルフの流儀

杉山通敬

「会心の1打も、ミスショットも同じ1打。すべてのストロークを敬うことが大切」――。日本アマ6勝、球聖が教えるゴルフの哲学。

中部銀次郎 ゴルフの神髄

中部銀次郎

「技術を磨くことより心の内奥に深く問い続けることが大切」――。伝説のアマチュアゴルファーが遺した、珠玉のゴルフスピリット集。

ゴルフはマナーでうまくなる

鈴木康之

ゴルファーとして知っておきたい重要なエチケットをエッセイ形式で解説。ゴルフで人生をしくじらないための必読書！

中部銀次郎 ゴルフの心

杉山通敬

「敗因はすべて自分にあり、勝因はすべて他者にある」「余計なことは言わない、しない、考えない」。中部流「心」のレッスン書。

普通のサラリーマンが2年でシングルになる方法

山口信吾

ごく普通のサラリーマンが「真の練習」に目覚めた結果、定年前の2年間でハンディキャップ8に。急上達の秘訣と練習法を初公開！

中部銀次郎 ゴルフの極意

杉山通敬

「難コースも18人の美女に見立てて口説くように攻略すれば上手くいく」――。日本アマ6勝の球聖が語ったゴルフの上達の秘訣。